超级自控力

一　龙　编著

吉林文史出版社

图书在版编目（CIP）数据

超级自控力 / 一龙编著. -- 长春 : 吉林文史出版社, 2019.9（2024.8重印）

ISBN 978-7-5472-6486-7

Ⅰ. ①超… Ⅱ. ①一… Ⅲ. ①自我控制—通俗读物 Ⅳ. ①B842.6-49

中国版本图书馆CIP数据核字(2019)第165517号

超级自控力

CHAOJIZIKONGLI

编　　著　一　龙

责任编辑　张雅婷

封面设计　末末美书

出版发行　吉林文史出版社有限责任公司

地　　址　长春市福祉大路5788号

电　　话　0431-81629353

网　　址　www.jlws.com.cn

印　　刷　北京永顺兴望印刷厂

开　　本　880mm × 1230mm　1/32

印　　张　4

字　　数　80千

版　　次　2019年9月第1版　2024年8月第3次印刷

定　　价　19.80元

书　　号　ISBN 978-7-5472-6486-7

前　言

\PREFACE\

自控力是一个人自觉地调节和控制自己行动的能力。自控力强的人，能够理智地对待周围发生的事件，有意识地控制自己的思想感情，约束自己的行为。加强自控力也就是磨炼意志的过程。

一个人在事业上的成功需要有强大的自控力。自控力强的人，能理智地控制自己的欲望，分清轻重缓急，对不正当的欲望坚决予以抛弃；自控力强的人，处在危险和紧张状态时，不意气用事，能够保持镇定，克制内心的恐惧和紧张，做到临危不惧、忙而不乱。相反，自控力薄弱的人遇事不冷静，处理问题不顾后果、任性、冒失，易被诱因干扰而动摇，或惊慌失措。

自控力也是人们获得成功人生所必备的素质。如果你今天计划做某件事，但早上起床后，因昨晚休息得太晚而困倦，你是否还能离开那温暖舒适的床呢？如果你要远行，但身体乏力，你是否会停止旅行计划？如果你正在做的一件事遇到了极大的、难以克服的困难，你是继续做呢，还是停下来等等看？诸如此类的问题，一定要处理得干脆利落，千万不要纵容自己，给自己找借口。对自己严格一点儿，时间长了，自控便成为一种习惯、一种生活方式，你的人格也会因此变得更完美。

总之，自控力是成功的基本要素，自控力强的人能够更好地控制自己的注意力、情绪、欲望、习惯和行为，更好地应对压力、解决冲突、战胜逆境，身体更健康，人际关系更和谐，恋情更长久，收入更高，事业也更成功。这可以解释成功者和失败者之间的区别。一个人可能在缺乏教育和健康的条件下成功，但绝不可能在没有自控力的情况下成功!

但自控力的养成是一个长期的过程，不是一朝一夕的事情。本书深入分析了自控力的内涵，阐明了如何培养、提高自控力，提供了具体有效的训练方法和途径；论述如何在实践中磨炼自控力、迎接并克服种种艰难阻碍；探讨如何运用、发挥自控力，控制情绪和欲望，改变旧习惯，克服拖延症等。如果你总拖到最后一分钟才开始工作；如果你是“月光”族，每个月都信用卡透支；如果你本想休息，却还是熬夜上网；如果你一直想改变自己，却总是失败——那么本书就是专门为你而写的。

目 录

\CONTENTS\

导言：自控力成就人生 …… 1

自控力使人强大 …… 1

自控力营造幸福生活 …… 2

强大的自控力是成功的基本要素 …… 4

无法管好自己的人也无法管好别人 …… 4

凡成功者无不懂得自制 …… 5

控制自我是能力的体现 …… 6

第一章 解救被情绪绑架的理性 …… 7

先了解情绪，再管理情绪 …… 7

了解我们自身的情绪模式 …… 7

勿让情绪左右自己 …… 9

控制自我是高情商的体现 …… 10

让烦恼不再找你 …… 11

踢走“负面情绪”这个绊脚石 …… 12
好情绪是心灵的特效良药 …… 14
为情绪找一个出口 …… 15
有效应对各类负面情绪 …… 17
停止你的牢骚 …… 17
控制冲动这个“魔鬼” …… 20
提防抑郁这个情绪的头号杀手 …… 21
别人不会为你的坏脾气买单 …… 22
远离仇恨的烈火 …… 23
克服嫉妒心理，超越自我 …… 26
甩掉忧虑的包袱 …… 29
撕破恐惧的面纱 …… 30

第二章　给欲望一个合理的限度 …… 32

欲望无善恶，关键在控制 …… 32
欲望是一条看不见的灵魂锁链 …… 32
莫因一件睡袍换了整套家居 …… 34
过多的欲望会蒙蔽你的幸福 …… 35
可以有欲望，但不可有贪欲 …… 37
少一分欲望，多一分自在 …… 38
放弃生活中的“第四个面包” …… 40
贪欲会让人走上不归路 …… 41
别让不正当欲望肆意生长 …… 43

购物成癖也是病 …………………………………………… 43

第三章 你不控制习惯，习惯就会控制你…………………… 46

坏习惯难改变，好习惯养成难 ……………………………… 46

成功的习惯重在培养 ………………………………………… 46

跳出你的旧习惯 ……………………………………………… 47

给不良习惯找个“天敌” …………………………………… 49

播种行为，收获习惯 ………………………………………… 50

习惯决定命运，自控力改变习惯 …………………………… 52

甩掉“轻易放弃”的想法 …………………………………… 52

不要恐惧承担太多责任 ……………………………………… 54

让理性代替易怒 ……………………………………………… 56

卓越是一种习惯，平庸也是一种习惯 ……………………… 57

第四章 一生中总有一个时期需要卧薪尝胆………………… 59

宝剑锋从磨砺出，梅花香自苦寒来 ………………………… 59

将等待进行到底，才有翻牌的机会 ………………………… 61

脚踏实地是最好的选择 ……………………………………… 62

沉住气，成大器 ……………………………………………… 63

大收获必须付出长久的努力 ………………………………… 65

不是每一次播种都有收获 …………………………………… 67

低谷时不放弃，在寂寞中悄然突破 ………………………… 68

低谷的短暂停留，是为了向更高峰攀登 …………………… 68

有一种成功叫锲而不舍 …………………………… 69
要怀有成为珍珠的信念 …………………………… 70
冬天里会有绿意，绝境中也会有生机 ………… 70
坚守寂寞，坚持梦想 ……………………………… 71
放低姿态，像南瓜一样默默成长 ……………… 73

第五章 掌控时间，掌控人生 ………………………… 75

掌控时间，从做好计划开始 ……………………… 75
你的时间总是不够用吗 …………………………… 75
改掉拖延的毛病 …………………………………… 76
选择适合自己的时间管理方法 ………………… 77
列出最重要的工作 ………………………………… 78
适当改变自己的计划 ……………………………… 79
在工作和生活之间寻求平衡 ……………………… 80
睡前制订一份第二天的工作清单 ……………… 80
有效地避开干扰事件 ……………………………… 81
办公室中节省时间的窍门 ………………………… 85
高效率的真正含义 ………………………………… 86
谁在浪费你的时间 ………………………………… 87
如何为度假准备行李 ……………………………… 88
怎样在一周内做更多的事 ………………………… 88

第六章　团队合作中的自控力艺术 …… 89

用自控力修炼强大领导力 …… 89

自控力事关团队的战斗力 …… 89

团队领导的自控力要求 …… 91

自控力能强化领导力 …… 95

领导的自控力决定队伍的气势 …… 96

修炼领导力的途径 …… 98

领导者情绪的扩散效应 …… 101

自控力与团队合作 …… 103

提升团队自控力路径多 …… 103

效率基于自控力 …… 106

每个团队角色都要有自控力 …… 108

严明的纪律是团队不可或缺的 …… 110

借口是团队发展的硬伤 …… 113

自律，让队员的行动规范化 …… 115

打破心墙，相互合作 …… 115

导　　言

自控力成就人生

自控力使人强大

一个人能够自我控制的秘密源于他的思想。我们在头脑中贮存的东西会渐渐地渗透到我们的生活中去。如果我们是自己思想的主人，如果我们可以控制自己的思维、情绪和心态，那么，我们就可以控制生活中可能出现的所有情况。

我们都知道，当沸腾的血液在我们狂热的大脑中奔涌时，控制自己的思想和言语是多么困难。但我们更清楚，让我们成为自己情绪的奴隶是多么危险和可悲。这不仅对工作与事业来说是非常有害的，而且还降低了效率，甚至还会对人的名誉和声望产生非常不利的影响。无法完全控制和主宰自己的人，命运不会掌握在他自己的手里。

由于缺少对自制的训练，我们许多成年人还没有学会去避免乱发脾气和使用伤人的言辞。

自我控制的能力是高贵品格的主要特征之一。能镇定且平静地注视一个人的眼睛，甚至在特别恼怒的时候也不会随便乱发脾气，这会让人产生一种其他东西所无法给予的力量。你会感觉到，你是自己的主人，你随时随地都能控制自己的思想和行动，这会给你品格的全面塑造带来一种尊严感和力量感。

这种做自己主人的思想是积极的。而那些只有在自己乐意这样做，或对某件事特别感兴趣时才能控制思想的人，是不会获得大成就的。真正的成功者，应该在所有时刻都能让思维来服从自己的意志力。这样的人，才是情绪的真正的主人；这样的人，他已经形成了强大的精神力量；这样的人，才可以脱颖而出，成为领导者。

自控力营造幸福生活

在社会中，只有遇事不慌、临危不惧的人才能成就大事，而那些情绪不稳、时常动摇、缺乏自信、遇到危险就躲、遇到困难就慌神的人，只能过平庸的生活。

自控是一种力量，自控使人头脑冷静、判断准确。能自控的人充满自信，同时也能赢得别人的信任。

自控力强的人，比焦虑万分的人更容易应付种种困难、解决种种矛盾。而一个做事光明磊落、生气蓬勃、令人愉悦的人，无论到哪儿都是受人欢迎的。

在商人中间，自控能产生信用。银行相信那些能控制自己的人。商人们相信，一个无法控制自己的人既不能管理好自己的事务，也不能管理好别人的事务。

无论是谁，只要能下定决心，决心就会为他的自制行为提供力量与后援。能够支配自我，控制情感、欲望和恐惧心理的人会比其他人更伟大、更幸福。

人生在世，若缺乏自控力，生活将会“一片狼藉”。一个人若完全被情绪所控制，那样伤害的不只是别人，你自己也会因此失去拥有幸福的机会。

许多名人写下了无数文字来劝诫人们要学会自我克制。詹姆士·博尔顿说：“少许草率的词语就会点燃一个家庭、一家邻居或一个国家的怒火，而且这样的事情常常发生。半数的诉讼和战争都是因为言语而引起的。”乔治·艾略特则说：“妇女们如果能忍着那些她们知道无用的话不说，那么她们半数的悲伤都可以避免。”

赫胥黎曾经写下过这样的话：“我希望见到这样的人，他年轻的时候接受过很好的训练，非凡的意志力成为他身体的真正主人，应意志力的要求，他的身体乐意尽其所能去做任何事情。他头脑明智，逻辑清晰，他身体所有的功能和力量就如同机车一样，根据其精神的命令准备随时接受任何工作，无论是编织蜘蛛网这样的细活还是铸造铁锚这样的体力活。”

希尔曾说：“一个有自制力的人，不易被人轻易打倒；能够控制自己的人，通常能够做好分内的工作，不管是多么大的困难皆能予以克服。”

强大的自控力是成功的基本要素

无法管好自己的人也无法管好别人

一个不能控制自己的人，往往情绪激动，爱指手画脚，使本来可以办成的事办不成。这是成事一大戒，成大事者的习惯是：先控制自己，再控制别人。

世界上，唯有自己最可怕，也唯有自己最难以对付。

自控是自己管理自己、自己尊重自己、自己塑造自己。一个能自我管理的人，是一个成熟的人，是一个为自己负责任的人。

一个成功的人既要受别人的监督，又要受自己的监督。别人的监督可以发现自己发现不了的事情，自己的监督就是自制。

一生的时间，有的人能够成就一番事业，有的人却一事无成。除了机遇不同外，有的人勤奋，有的人懒惰。有些人虽然勤奋，注意力却不集中，老是漫不经心，朝秦暮楚。漫不经心是人最大的弊病，它使得人蹉跎一生，一无所成。要克服漫不经心，就必须有一定的意志力来约束自己，让自己一次只完成一件事。

控制好自己，养成这样的习惯，循序渐进，慢慢培养自己的性格，也就获得了通向成功大门的钥匙。

人们常说以身作则，只有自己做好了，才能让别人信服。同样，只有具有自制力的人，才能很好地控制其他的人。

凡成功者无不懂得自制

成功的一个基本要素是控制自我，没有自控力的人终将一无所成，一点儿的小刺激和小诱惑都抵制不了，面对大的诱惑必将深陷其中。

控制自我情绪是一种重要的能力，也是人区别于动物的重要标志。人是有理性的，不能只依赖感情行事。

没有自控力的人是可怕的，不但他的思想会肆意泛滥，行为更会如此。有人喝酒成瘾、上网成瘾等，无一不是缺乏自制力的表现。

一个失去自控能力的人是不会得到命运的眷顾与垂青的。

那些以为自制就会失去自由的人，对“自由”与“自制”的意义显然还没有深刻的领会。因为自我控制不是要以失去自由为代价。

追求自由是无可非议的，但我们不能放任自流。一点儿也不加以限制的自由，本身就潜藏着无穷的害处与危险，严重的时候，就像脱缰的马儿一样难以控制。世界上不存在绝对的自由，真正意义上的自由，是“戴着镣铐跳舞”。

给情绪一个自制的阀门，我们自然会做到挥洒自如，赢得卓越的人生。

控制自我是能力的体现

控制自我情绪是一种重要的能力，也是一种难能可贵的艺术。一个不懂得控制自我的人，只会任由情绪的发展，使自己有如一头失控的野兽，一旦不小心闯到熙熙攘攘的人群中，就会伤人伤己。

人是群居的动物，不可能总是一个人独处，因此，一旦情绪失控，必将波及他人。控制自我绝对是种必须具备的能力。

传说中有一个“仇恨袋”，越对它施力，它就胀得越大，以致最后占满我们生存的空间。你打我一拳，我必定想方设法还你两脚，即使是好汉不吃眼前亏，也必当日后补上——大多数人都会这样想。这样做只能使对抗升级而无助于解决问题，更不论是谁对谁错了。

一个成功的人必定是有良好控制能力的人，控制自我不是说不发泄情绪，也不是不发脾气，过度压抑会适得其反。良好的控制自我就是不要凡事都情绪化，任由情绪发展，而是要适度控制。

第一章

解救被情绪绑架的理性

先了解情绪，再管理情绪

了解我们自身的情绪模式

心理学上有一个定义称为情绪模式，它是指在外界持续刺激的影响下，逐渐形成的固定的连锁情绪反应路径与行为结果。通俗地解释，即“每当……时（外界刺激），我的心情就会……（情绪反应），结果我就会……（产生行为结果）”。例如，每当有女同事穿了漂亮的新衣服，“我”就会认为自己的身材不好，穿同样的衣服肯定没有那样的效果，心情就会很低落，结果整天避免和穿新衣服的女同事正面接触。

情绪模式起因于人类大脑的应激功能和记忆功能。如果对于外界刺激的应对方式被持续使用，大脑和身体的网络系统就会发生作用，将这种应对机制模式化，生成固定的链接，从而形成情绪模式——面对相同事物时产生相同的情绪、思维和行动。

情商理论中有种现象叫作“情绪绑架”，是指已经形成的情绪模式阻碍了大脑的理智思考，强制启动应激行为作为对情绪的反应。这是因为情绪模式一旦形成就很难改变，这也是为什么常常会听到有人说“我不知道为什么当时那么伤心，以致做出那么傻的举动”“我那时候就是忍不住对平时很尊敬的老师大吼大叫”。由此可见，“情绪绑架”对情绪主体是弊大于利的。

人们一直致力于摆脱“情绪绑架”，而成功的关键就在于识别自身的情绪模式，找到病因，对症下药。但是情绪模式经过日积月累已经成为我们潜意识的一部分，行为主体很难站在客观的角度将其识别出来。可以根据以下几个步骤来有意识地察觉自己的情绪变化及其引起的连锁反应，以及最后自己采取的行动，从而识别出自己的情绪模式。

步骤一，记录情绪变化。有意识地关注自身情绪变化，包括变化的原因及变化引发的影响。察觉到这些之后要及时准确地加以记录。

步骤二，自我情绪反省。充分利用步骤一的成果——情绪变化记录表，观察自己历次情绪变化的诱因是否值得，情绪反应的行为是否得当。

步骤三，倾诉不良情绪。不识庐山真面目，只缘身在此山中。由于情绪模式已经固化在我们的头脑和神经系统中，难以自我察觉，所以，我们可以求助于他人来捕捉自己的情绪变化。

步骤四，测试自身情绪。我们可以通过专业的情绪测试工具或咨询专家来发现自己的情绪模式。

当然，以上四个步骤的最终目的是发现问题、解决问题。我们发现了自己的情绪模式之后就可以将其一一列出，并且在每天的日常生活中逐项加以克服，坚持这样一个循序渐进、由浅入深的过程，我们就可以达到摆脱“情绪绑架”的最终目的了。

勿让情绪左右自己

情绪如同一枚炸药，随时可能将你炸得粉身碎骨。遇到喜事喜极而泣，遇到悲伤的事情一蹶不振，人世间的悲欢离合都被人的心绪所左右。

爱、恨、快乐、愤怒、恐惧、悲哀、厌恶、仇恨、贪婪、嫉妒都是人的情绪。情绪可能助人成功，也可能坏事，人必须了解、控制自己的情绪，勿让情绪左右了自己。能否很好地控制自己的情绪，取决于一个人的气度、涵养、胸怀、毅力。气度恢宏、心胸博大的人都能做到不以物喜，不以己悲。

激怒时要疏导、平静；过喜时要收敛、抑制；忧愁时宜释放、自解；焦虑时应分散、消遣；悲伤时要转移、娱乐；恐惧时要寻求支持、帮助；惊慌时要镇定、沉着……情绪修炼好，心理才健康。

当遇到意外的沟通情境时，就要学会运用理智，控制自己的情绪，轻易发怒只会造成负面效果。

生活中许多事情都不能左右，但是我们可以左右我们的心情，不再做悲伤、愤怒、嫉妒、怀恨的奴隶，以一颗积极健康的心去面对生活中的每一天。

控制自我是高情商的体现

一个成功的人必定是有良好自我控制能力的人，控制自我不是说不发泄情绪，也不是不发脾气，过度压抑会适得其反。良好的自我控制就是不要凡事都情绪化，任由情绪发展，而是要适度控制情绪，这是一种能力的体现。

其实，人的情绪表现会受众多因素的影响，这些因素可以按照来源分为外部因素（刺激）和内部因素（看法、认识）。两种因素共同决定了人的情绪表现和行为特征，其中个人的观点、看法和认识等内部因素直接决定人的情绪表现，而个人成败、恶言恶语等外部因素则通过影响情绪内因而间接影响人的情绪表现。

情绪可以成为你干扰对手、打败对手的有效工具；反过来说，情绪也会成为对手攻击你的“暗器”，让你丧失理智，铸成大错。

学会倾听别人的意见，这样不仅会使你的生活更加有意思，而且别人也会更喜欢你；每天至少对一个人说，你为什么赏识他；不要试图把一切都弄得滴水不漏；不要顽固地坚持自己的权利，这会花费许多不必要的精力；不要老是纠正别人；常给陌生人一个微笑；不要打断别人的讲话；不要让别人为你的不顺利负责；要接受事情不成功的事实，天不会因此而塌下来；请忘记事事必须完美的想法，你自己也不是完美的。这样生活会突然变得轻松得多。

当你抑制不住生气时，你要问自己：一年后生气的理由是否还那么重要？这会使你对许多事情得出正确的看法。控制住自我，你的能力就会彰显出来。

让烦恼不再找你

烦恼是一种不良情绪，忘掉自我，专心投入你当前要做的事情中，可以让你克服紧张情绪，保持一种泰然自若的心态。当许多事情过后，你会发现那不过是庸人自扰，根本没有你原先想象的那么复杂、困难。何苦非要与自己过不去呢？高情商的人往往会让烦恼过期，让快乐的情绪回到自己的身边。

有人说过：“既然你无法控制天气，那么为天气而烦恼岂不是庸人自扰？”

谁都会有烦恼的事情，但是，如果总是为一些无端的事情或自己无法操控的事情而烦恼，情况严重的话就是一种病态心理。如果总是为不期而至的意外烦恼不已，或悲观失望，结果让自己的生活变得更糟糕，这样不是很愚蠢吗？我们既然不能改变既成事实，为什么不改变自己的态度呢？

其实，消除烦恼最有效的办法是正视现实，摒弃那些引起你忧虑不安的因素。

踢走“负面情绪”这个绊脚石

心理学上把焦虑、紧张、愤怒、沮丧、悲伤、痛苦等情绪统称为负性情绪，有时又称为负面情绪，人们之所以这样称呼这些情绪，是因为此类情绪的体验是不积极的，身体也会有不适感，甚至影响工作和生活的顺利进行，进而有可能引起身心的伤害。

现在，全球范围内出现心理问题的人越来越多，而且呈现出低龄化趋势。根据2000年的调查显示：该年患有抑郁症的人数是1960年的10倍，而且患病人群的最低年龄已经由从前的25岁降低到了14岁。

最近医学发现，负性情绪极易形成“癌症性格”，“癌症性格”的具体表现包括：性格内向，表面上逆来顺受、毫无怨言，内心却怨气冲天、痛苦挣扎，有精神创伤史；情绪抑郁，好生闷气，但不爱宣泄；生活中一件极小的事便可使其焦虑不安，心情总处于紧张状态。这些负性情绪可损害人的免疫系统，诱发癌症。

在2005年的一项调查中显示：80%的哈佛学生，至少有过一次抑郁的经历，有47%的学生曾经达到过崩溃的边缘，有94%的学生都会感到压力大甚至是喘不过气来。可见，具有负面情绪的人比例如此之大。我们要学会控制负面情绪，但我们也允许自己有负面情绪。

我们无法选择将要发生的事情，情绪的到来也没有任何信号。尤其是负面情绪，我们无法阻止负面情绪的产生，但我们可以掌握自己的态度，调节情绪来适应一切环境。生活中大多数的情况下，你完全可以选择你所要体验的情绪，关键在于自己对生活的态度选择。

2000年美国做了一项关于1967年～2000年心理学文摘的调查，结果发现关于负面心理与关于正面心理研究的论文数目比例相差得太远太远。这项调查中的结果显示：关于愤怒的研究文章有5584篇，关于沮丧的有41416篇，关于抑郁的有54040篇；而关于喜悦的研究文章只有515篇，关于快乐的有2000篇，关于生活满意的有2300篇。结果可以得到一个结论：那就是正面心理与负面心理的比例达到了1∶21，这是一个多么令人吃惊的数字！

总之，所有的负面情绪都是我们的绊脚石，我们必须认识它，重视它，克服它，让绊脚石变成我们前进的垫脚石。

好情绪是心灵的特效良药

爱默生说："唯有具有最高尚的和最快乐的性格的人才会有感染周围人的快乐。"好情绪就是一种特效良药，它可以赶走忧伤、痛苦，最重要的是好情绪就是把握现在的快乐。

是的，好情绪就是把握现在，这才是解除痛苦的特效良药。大卫·葛雷森说："我相信，现在未能把握的生命是没有把握的；现在未能享受的生命是无法享受的；而现在未能明智地度过的生命是难以过得明智的。因为过去的已去，而无人得知未来。"

莎士比亚说："在时间的大钟上，只有两个字——现在。"如果你是为往事而悔恨，为未来的事情而担忧，那你就是生活在乌托邦之中。这是人的一生中最有害的两种情绪，它不但不会帮你改变过去与未来，还会使你陷入惰性与悲观的泥潭，并会令你失去最宝贵的现在！决定一个人心情的，不在于环境，而在于心境。

人需要保持知足常乐的人生态度。这样才会有一份好的心情。这种知足不是不上进，而是一种从虚荣、狭隘、担忧和焦虑中解脱出来的喜悦。有些人总是哀叹自己没有得到这样，没有得到那样，自己的条件如何差劲，他们总是哀叹自己的命运如何坎坷，但他们不知道，还有很多人远远不如他们，他们实在没有必要自寻烦恼。坏情绪都是自己造成的，人生就是好与坏的综合体，如果我们再不好好珍惜获得的好心情，那么我们的一生将与痛苦相伴。

人生在世，不可能事事得意、事事顺心。面对挫折能够虚怀若谷，保持一种恬淡平和的心境，这是人生的智慧。正如马克思所言："一种美好的心情，比十服良药更能解除生理上的疲惫和痛楚。"

为情绪找一个出口

情绪的宣泄是平衡心理、保持和增进心理健康的重要方法。当不良情绪来临时，我们不应一味控制与压抑，而应该用一种恰当的方式，给汹涌的情绪一个适当的出口，让它流走。

在我们的生活中，可能会产生各种各样的情绪，情绪上的矛盾如果长期压在心中，就会影响大脑的功能或引起身心疾病。因而，我们要及时排解。很多时候，只要把困扰我们的问题说出来，心情就会感到舒畅。我国古代，有许多人在他们遭到不幸时，常常有感赋诗，这实际上也是使情绪得到正常宣泄的一种方式。

有人经过研究认为，在愤怒的情绪状态下，伴有血压升高，这是正常的生理反应。如果怒气能适当地宣泄，紧张情绪就可以获得松弛，升高的血压也会降下来；如果怒气受到压抑，长期得不到发泄，那么紧张情绪得不到平定，血压也降不下来，持续过久，就有可能导致高血压。

尽管自控是控制情绪的最佳方式，但在实际生活中，始终以积极、乐观的心态去面对不顺心的外部刺激，是非常难做到的。所以，人们在控制情绪时常常综合应用忍耐和自控的方法，而且，为了顾忌全局，暂时忍耐的方法用得更多。所以，尽管在面对不愉快时会努力做到自控，但并非能做到真正的洒脱，还需要依靠个人的忍耐力。然而，每个人的忍耐力都是有极限的，当情绪上的烦躁、内心的痛苦累积到一定程度，最终会非理性地爆发出来。所以，在实际生活中，不能一味地忍耐，还要懂得适当地宣泄，为自己的坏情绪找一个“出口”，将内心的痛苦有意识地释放出来。

情绪应该宣泄，但宣泄应该合理。当有怒气的时候，不要把怒气压在心里、生闷气；不要把怒气发泄在别人身上，迁怒于人，找替罪羊；更不要把怒气发泄在自己身上；不要大叫、大闹、摔东西，以很强烈的方式把怒气发泄出去。因为上述所有做法不但于事无补，反而会使问题进一步恶化，给自己带来更大的伤害。

当然，宣泄也应采取适当的方式，一些诸如借助他人出气、将工作中的不顺心带回家中、让自己的不得意牵连朋友等做法是不可取的，这于己于人都是不利的。与其把满腔怒火闷在心中，伤了自己，不如找个合适的宣泄口，让自己更快乐一些。

生活在大千世界中的人，在性格、爱好、职业、习惯等诸多方面存在着很大的差异，对事物、问题的认识与理解也不尽相同。因此，我们不能要求他人与自己一样，不能以自己的标准和经验来衡量他人的所作所为，要承认他人与自己的差别，并能容忍这种差别。不要企图去改变别人，这样做是徒劳的。

人不能没有脾气，尽管你是有涵养的人，也不免有时要发一下脾气。遇事不如意，看人不顺眼，因而生气，几乎成为这个社会中屡见不鲜的事了。不过，即使屡见不鲜，也并非无碍，也不一定是好事。发脾气之所以成为问题，是在于自己所说的话太刻薄，所做的事太过分，不但会刺伤人家的心，使自己后悔莫及，而且还会把事情弄砸，把人际关系弄僵，这就是发脾气的恶劣后果。

所以，我们一定要记住：当你想要发脾气的时候就要给自己的情绪找一个适当的宣泄口。

有效应对各类负面情绪

停止你的牢骚

密歇根大学社会研究院的研究员发现，凡在公司中有对工作发牢骚的人，那家公司或老板一定不会比没有牢骚的公司成功。这就是所谓的“牢骚效应”。

哈佛大学心理学系的梅约教授组织过一个持续两年的谈话试

验。专家们找工人个别谈话，而且规定在谈话过程中，专家要耐心倾听工人们对厂方的各种意见和不满，并做详细记录。

结果他们发现：这两年以来，工厂的产量大幅度提高了。经过研究，他们给出了原因：在这家工厂，长期以来工人对工厂的各个方面就有诸多不满，但无处发泄。谈话试验使他们的这些不满都发泄出来了，从而感到心情舒畅，所以工作干劲高涨。

★沉默比牢骚更有建设性

对于那些热爱抱怨的人来说，沉默是一件痛苦的事情。但是，沉默却能把他们从抱怨的情绪中解救出来。如果你什么都不说，大家也许还会赞美你稳重，但如果你说个不停，不但不会表现出你所期望的睿智，反而会令人感觉到你的浮躁。倘若你滔滔不绝了很久，表达的内容却无非是抱怨和牢骚，那就更不够明智了。

所以，在思想上给自己装一个过滤器，当你想要抱怨时，请让自己沉默几分钟，让你的话语先穿越抱怨的过滤器。沉默能让你自省反思、谨慎措辞，让你说出你希望能传送创造性能量的言论，而不是任由不安驱使你发出又臭又长的牢骚。

法国有句谚语，雄辩如银，沉默是金。在现实生活中，有时候沉默确实胜于雄辩，当然更胜过那些毫无价值的抱怨。

沉默往往比抱怨更有建设性。抱怨是一种习惯，如果你不想把抱怨的话说出口，那么就请沉默，让自己暂停一下，调整一下呼吸，给自己一个机会，在说话时更加小心地选择词语，也更加仔细地斟酌自己将要表达的观点是否合适。

★价值不需要用牢骚来证明

不要去嫉妒别人的命有多好，也不要抱怨自己的价值没有被人发现。如果你本身是一颗珍珠，纵使被禁锢在坚硬的贝壳之中，也迟早会被人发现；但假如你只是一粒沙子，即使在阳光照射下的海滩上，也只会是沙滩上的颗粒。

当我们抱怨现实对自己不公时，先问一下自己到底是石头还是金子。价值从来不需要用牢骚来证明，一个人唯有先征服自己，才有能力征服他人，让别人信任自己。

有位作家曾经说过："自己把自己说服了，是一种理智的胜利；自己被自己感动了，是一种心灵的升华；自己把自己征服了，是一种人生的成熟。大凡说服了、感动了、征服了自己的人，就有力量征服一切挫折、痛苦和不幸。"所以，当你想要向世界证明自己的能力时，请先让自己相信，你是一个真正有实力的人，而不是一个"抱怨鬼"。

控制冲动这个“魔鬼”

在种种消极情绪中，冲动无疑是破坏力强的情绪之一，它是低情商的表现，每个人在生活中都会遇到不合自己心意的事，这时候如果不保持冷静，不克制自己的冲动行为，就会为此付出代价。一个聪明的人，不会让坏情绪控制自己，而是应该自己去控制坏情绪，成为情绪的主宰者。

生活中许多人，往往控制不住自己的情绪，任性妄为，结果引火烧身，给自己和朋友带来不必要的麻烦。所以，你要学会控制自己的冲动，学会审时度势，千万不能放纵自己。每个人都有冲动的时候，尽管冲动是一种很难控制的情绪。但不管怎样，你一定要牢牢控制住它。否则一点儿细小的疏忽，可能贻害无穷。

在现实生活中，有人只顾逞一时的口舌之快，很多话不经思考便脱口而出，有意无意地就会对他人造成伤害。伤害一旦造成，再多的弥补往往也无济于事。

所以，作为情绪的主人，我们应该培养自我心理调节能力，这是一种理性的自我完善。这种心理调节能力，在实际行为上则会显示出强烈的意志力和自制力。它使人以平和的心态来面对人生中的起起落落，保持与他人交往时的淡定从容。

大多数成功者都是能够对情绪收放自如的人。这时，情绪已经不仅仅是一种感情的表达，更是一种重要的生存智慧。如果不注意控制自己的情绪，随心所欲，就可能带来毁灭性的灾难。情绪控制得好，则可以帮你化险为夷。

所以，我们要学会控制自己的情绪，不能放纵自己。

人们形容某些幼稚的行为举动，常会用“冲动”来说明。也有些不负责任的人，在做了错事之后不敢承担责任，用“一时冲动”来替自己辩解。人要想在竞争激烈的环境中有所作为，必须学会克制住冲动，否则事情一发不可收拾，后果也许令我们难以承受。

提防抑郁这个情绪的头号杀手

抑郁就好像透过一层黑色玻璃看一切事物。无论是考虑你自己，还是考虑他人或未来，任何事物看来都处于同样的暗淡的光线之下。“没有一件事做对”“我彻底完蛋了”“我无能为力，因此也不值一试”“朋友们给我来电话仅仅是出于一种责任感”。当你工作中出了一点儿毛病，或思想开了小差，你就认为“我已经失去了干好工作的能力”，好像你的能力已经一去不回。

抑郁是人们常见的情绪困扰，是一种感到无力应付外界压力而产生的消极情绪，常常伴有厌恶、痛苦、羞愧、自卑等心理。严重时会导致抑郁症，使人无法过正常的生活。

因此，面对抑郁心理，心理专家建议，多与朋友联系，在交往中体会友谊的美好；平时培养多种兴趣爱好，可以参加一些体育运动或者是听听自己喜欢的音乐；工作压力过大时，适当地给自己减压，多出去散散步、晒晒太阳。这些都有利于消除抑郁心理。

别人不会为你的坏脾气买单

愤怒是一种常见的消极情绪，它是当人对客观现实的某些方面不满，或者个人的意愿一再受到阻碍时产生的一种身心紧张的状态。在人的需要得不到满足、做事失败、遇到不平、个人自由受限制、言论遭人反对、无端受人侮辱、隐私被人揭穿、上当受骗等多种情形下，人都会产生愤怒情绪。愤怒的程度会因诱发原因和个人承受能力不同而有不满、生气、愤怒、恼怒、大怒、暴怒等不同层次。发怒是一种短暂的情绪紧张状态，往往像暴风骤雨一样来得猛，去得快，但在短时间里会有较强的紧张情绪和行为反应。

莎士比亚说：“不要因为你的敌人燃起一把火，你就把自己烧死。”当你发怒的时候，怒火也许会烧及他人；但一般情况下，它是向内烧——烧的是发怒者个人的身心健康。

人们时刻都要管理好自己的情绪，尤其在人生的一些关键时刻。在每次要发脾气前，先冷静问问自己：别人不会为我的坏脾气“买单”，我自己可以吗？如果你自己也不想这样，那么还是收起你的怒气吧。当我们生气的时候要冷静下来确实有点难度，但如果不控制怒气，只会损失过多。

愤怒容易让人失去理智。愤怒的人把一点儿小事看得像天一样大，过于认真让他们夸大了自身受到的伤害。他们以为愤怒可以让自己在别人眼中更具有权威，其实不是这样的。他们不仅不会因为愤怒而被认为拥有权力，反而会被认为缺乏理智，难成大气候。怒气会让你失去别人对你的敬意，人们会认为你缺乏自制力而更加轻视你。

学会控制怒火是让自己心态平和最关键的一步，只有情商较低的人才会不懂控制，成为怒气伤害的对象。对于怒火要学会自我疏导，而非一味克己忍让，只有让它用一个合适的渠道发泄出来才不至伤人伤己。情商的高低与人们对自我情绪的管理能力有莫大的关系，它也会影响一个人成就的大小。

“生气，是一种毒药！”我们不能让自己的情绪只停留在问题的表面，我们必须学习“转念”“少点儿怨，多点儿包容”“多洒香水、少吐苦水”，让负面的思绪远离，而用乐观的正面思绪来迎接人生。

远离仇恨的烈火

仇恨是人性的劣根，它隐藏在人性的深处，一旦触及便会迅速地膨胀，控制人的思想。根除它的关键是不要记仇，忘记它，如果可能最好远离它。每个人心中都或多或少地埋有仇恨的火种，而我们所能做的，就是用人性美好的甘泉去浇灭那些忽闪忽隐的火星，切不能助长仇恨的地狱之火肆虐，并将自己无情焚毁。抛却心中的仇恨，我们才能享受心中的安详、静谧、和谐、从容……

人生在世，我们若长久地将仇恨带在身上，它便会越来越严重，堵住我们前进的脚步。仇恨有如烈火一般，伤人伤己。

一般充满仇恨的人都会有报复的心理。我们常常在自己的脑子里预设一些规定，认定别人应该有什么样的行为，如果对方违反规定就会引起我们的怨恨。

其实，因为别人对我们的规定置之不理我们就感到怨恨，是一件十分可笑的事。

大多数人都一直以为，只要我们不原谅对方，就可以让对方得到一些教训，也就是说：只要我不原谅你，你就没有好日子过。而实际上，不原谅别人，表面上是那人不好，其实真正倒霉的人是我们自己，生一肚子窝囊气不说，甚至可能连觉都睡不好，饭也吃不好，还可能气病了。

这样看来，报复不仅让我们不能实现对别人的打击，反倒对自己的内心是一种摧残。

报复是一把双刃剑，它不但会伤害到别人，还会使你自己落入仇恨的陷阱，仇恨会使你看不到人间的关爱与温暖，即使在夏日也只能感受到严冬般的寒冷。

既然我们都举目共望同样的星空，既然我们都是同一星球的旅伴，既然我们都生活在同一片蓝天下，那我们为什么还总是彼此为敌呢？请不要忘记世间有更多值得花费心思的事物，它们也会使你的生活多姿多彩。

哈佛教授常教育学生："生存不是为了仇恨，不要将仇恨作为生存的意义，放弃仇恨，生命会更加有意义。"

放弃仇恨就需要爱。爱能够带来更多的爱，这是我们已经知道的事实。那么仇恨会带来什么呢？每一种情绪中都蕴涵着相应的能量，情绪的发作自然会伴随着能量的释放，这是一条真理。每种思想从孕育到成型都会在你的人生中留下或深或浅的痕迹。爱能够让我们感受到生命的温暖，而仇恨只会带给我们无尽的痛苦。

爱生爱，恨也便会生恨。当愤怒、暴躁、指责等负面情绪影响了一个人的心情时，这些内在的破坏能量就逐渐啃噬人们的身体，导致身体的病痛。然而人的情绪是有传染性的，它不仅仅只影响你一个人，甚至会对你身边的其他人造成消极的暗示，以致于形成一个相互影响的恶性循环，而你却是其中被拴得最牢固、最难以摆脱的一个。

爱是生命对生命的呼唤，而恨是死亡与死亡的牵绊，恨把世界变成悲惨的地狱，而爱则让世界变成美丽的天堂。所以，对理应去仇恨的对象，你也不能采取以怨报怨的方式，那只会让矛盾升级。

人生总有存在的意义，如果我们只为一个报复的目的而生存，那么当这个目的实现后，生命也就失去了意义。放弃仇恨吧，用宽容的心去对待遭遇的一切，你的生命才会更加有意义，生活才会更加丰富与多彩。

克服嫉妒心理，超越自我

嫉妒是痛苦的制造者，是在各种心理问题中对人伤害十分严重的一种可以称得上是心灵上的恶性肿瘤。如果一个人缺乏正确的竞争心理，只关注别人的成绩，嫉妒他人，同时内心产生极度的怨恨，时间一久心中的压抑聚集，就会形成问题心理，对健康也会造成极大伤害。

何谓嫉妒呢？心理学家认为，嫉妒是由于别人胜过自己而引起情绪的负性体验，是心胸狭窄的共同心理。黑格尔说："嫉妒乃是平庸对于卓越才能的反感。"

嫉妒不是天生的，而是后天获得的。嫉妒有三个心理活动阶段：嫉羡——嫉忧——嫉恨。这三个阶段都有嫉妒的成分，是从少到多递增的。嫉羡中羡慕为主，嫉妒为辅；嫉忧中嫉妒的成分增多，已经到了怕别人威胁自己的地步了；嫉恨则是嫉妒之火已熊熊燃烧到了难以消除的地步。这把嫉恨之火，没有燃向别人，而是炙烤着自己的心，使自己没有片刻宁静，于是便绞尽脑汁去想方设法诋毁别人，使自己形神两亏。

波普曾经说过：“对心胸卑鄙的人来说，他是嫉妒的奴隶；对有学问、有气质的人来说，嫉妒可化为竞争心。”坚信别人的优秀并不妨碍自己的前进，相反，还能给自己提供了一个竞争对手，一个榜样，能给你前所未有的动力。

莎士比亚说：“像空气一样轻的小事，对于一个嫉妒的人，也会变成天书一样坚强的确证，也许这就可以引起一场是非。”

哈佛学者说：“嫉妒心是赶走友谊的罪魁祸首，也是将自己带入痛苦深渊的魔鬼。”因为嫉妒心重的人常自寻烦恼。嫉妒心是幸运和幸福的敌人。对于别人的好，平静地看待，真诚地祝福，这才是拥有幸福人生的秘诀。

自在生活，愉快工作，要想使自己的生活充满阳光，必须走出嫉妒的泥潭，学会超越自我，克服嫉妒心理。

弗朗西斯·培根说过：“犹如野火毁掉麦子一样，嫉妒这恶魔总是在暗地里，悄悄地毁掉人间美好的东西！”一些人之所以嫉妒别人，一个重要的原因是自己不求上进，又怕别人超过自己，似乎别人成功了就意味着自己失败，最好大家都成矮子才显出自己高大。面对自己的嫉妒心，我们要将它早早地摒除在自己的心灵之外，以积极的心态去面对别人的优点。

嫉妒，会使我们失去内心坚强的力量，走在人间路上，没有支柱，寸步难行。嫉妒，是弱者的名字。它使我们无法肯定自己的尊贵，同样也丧失了欣赏别人的能力。

哲学家亚里士多德在雅典吕克昂学院从事教学、研究、著述期间，曾常与学生们一道探讨人生的真谛。有一次，一位学生问他："先生，请告诉我，为什么心怀嫉妒的人总是心情沮丧呢？"亚里士多德回答："因为折磨他的不仅有他自身的挫折，还有别人的成功。"

可见，心怀嫉妒的人承受着双重折磨。所以，人生在世，一定要有一颗平和的心，切不可心怀嫉妒。人的嫉妒心像一把双刃剑，你举起它时，虽满足了伤害别人的目的，但也使得自己鲜血淋漓。

心理学家的观察研究证明，嫉妒心强烈的人易患心脏病，而且死亡率也高；而嫉妒心较少的人，心脏病的发病率和死亡率均明显低于前者，只有前者的1/3~1/2。此外，如头痛、胃痛、高血压等，易发生于嫉妒心强的人身上，并且药物的治疗效果也较差。所以我们一定要放宽心胸，不要和别人、更别和自己过不去。

甩掉忧虑的包袱

忧虑是一种过度忧愁和伤感的情绪体验。忧虑在情绪上表现出强烈而持久的悲伤，觉得心情压抑和苦闷，并伴随着焦虑、烦躁及易激怒等反应。在认识上表现出负性的自我评价，感到自己没有价值，生活没有意义，对未来充满悲观；还表现在对各种事物缺乏兴趣，依赖性增强，活动水平下降，回避与他人交往，并伴有自卑感，严重者还会产生自杀想法。

一个人为什么会忧虑，其产生原因是多方面的，但主要是由于自我。正像英国作家萨克雷所说的："生活就是一面镜子，你笑，它也笑；你哭，它也哭。"忧虑也与一个人的社会经验的多寡有关。对社会、对他人的期望值过高，并且对实现美好愿望的艰巨性、复杂性又估计不足，于是当愿望与现实之间出现巨大落差时，即产生失落感，进而失望、失意或忧虑。

由于现代生活的节奏加快，各种信息铺天盖地地占满了我们的生活空间，在大脑一刻不得闲的情况下，精神首先感到的是这种无形的巨大压力，各种忧虑也随之而来。其实在我们产生的忧虑中大多是没有必要或不值得忧虑的，忧虑就如同散布在空气中的细菌一样，时刻威胁到我们的健康。但是与其他疾病不同的是，它是一个隐形杀手，你能感到它的存在，却看不到它的形状。消除它的方法也很简单，只要你的大脑不让它停留，那么它在你的心中便无法藏身。

撕破恐惧的面纱

恐惧是人类最大的敌人。不安、忧虑、嫉妒、愤怒、胆怯等，都是恐惧的又一种表现。恐惧剥夺人的幸福与能力，使人变为懦夫；恐惧使人失败，使人流于卑贱；恐惧比什么东西都可怕。

恐惧能摧残一个人的意志和生命。它能影响人的消化系统、伤害人的修养、减少人的生理与精神的活力，进而破坏人的身体健康；它能打破人的希望、消退人的意志，使人的心力衰弱至不能创造或从事任何事业。

恐惧心理，会严重影响一个人的学习、工作、事业和前途。为了自己的健康和进步，有严重恐惧心理的人必须下定决心，鼓足勇气，努力战胜自己不健康的恐惧心理。

哈佛学者马尔登曾说过："人们不安和多变的心理，是现代生活多发的现象。"他认为，恐惧是人生命情感中难解的症结之一。面对自然界和人类社会，生命的进程从来都不是一帆风顺、平安无事的，总会遭到各种各样、意想不到的挫折、失败和痛苦。当一个人预料将会有某种不良后果产生或受到威胁时，就会产生这种不愉快情绪，并为此紧张、不安、忧虑、烦恼、担心、恐惧，程度从轻微的忧虑一直到惊慌失措。最坏的一种恐惧，就是常常预感着某种不祥之事的来临。这种不祥的预感，会笼罩着一个人的生活，像云雾笼罩着爆发之前的火山一样。

克服恐惧看起来非常困难，但改变却在一念之间。其实，生活中有很多恐惧和担心完全是由我们内心里想象出来的，想要驱除它必须在潜意识里彻底根除它。拿出一点儿勇气与行动给自己，就当是脱掉“胆小鬼”的帽子吧。告别恐惧的心理，才能爆发出强烈而持久的创造力，否则我们将在极度恐慌中度过一年又一年，终无所成，还累坏了繁忙的大脑，让心脏承受不必要的负担。

第二章

给欲望一个合理的限度

欲望无善恶，关键在控制

欲望是一条看不见的灵魂锁链

画，远看则美。山，远望则幽。思想，远虑则能洞察事物本末。心，远放则可少忧少恼。

在某些情境之下，距离是能够产生美的，对名利的疏远尤甚，能够给人带来清明的心智与洒脱的态度。

“天下熙熙，皆为利来，天下攘攘，皆为利往。”从古至今，多少人在混乱的名利场中丧失原则，迷失自我，百般挣扎反而落得身败名裂。古人说得好：“君子疾没世而名不称焉，名利本为浮世重，古今能有几人抛？”

这世上的人有几人能够在名利面前淡然处之，泰然自若？

“人人都说神仙好，唯有功名忘不了”，这是《红楼梦》里的开篇偈语，这一首《好了歌》似乎在诉说繁华锦绣里的一段公案，又像是在告诫人们提防名利世界中的冷冷暖暖，看似消极，实则是对人生的真实写照，即使在数百年后的今天依然如此。世人总是被欲望蒙蔽了双眼，在人生的热闹风光中奔波迁徙，被身外之物所累。

那些把名利看得很重的人，总是想将所有财富收到自己囊中，将所有名誉光环揽至头顶，结果必将被名缰利锁所困扰。

人为财死，鸟为食亡。可见，“财”这只拦路虎，它美丽耀眼的毛发确实诱人，人一旦骑上去，又无法使其停住脚步，最后必将被摔下万丈深渊。

名利，就像是一座豪华舒适的房子，人人都想走进去，只是他们从未意识到，这座房子只有进去的路，却没有出来的门。枷锁之所以能束缚人，房子之所以能困住人，主要是因为当事人不肯放下。放不下金钱，就做了金钱的奴隶；放不下虚名，就成了名誉的囚徒。

庄子在《徐无鬼》篇中说：“钱财不积则贪者忧；权势不尤则夸者悲；势物之徒乐变。”追求钱财的人往往会因钱财积累不多而忧愁，贪心者永不满足；追求地位的人常因职位不够高而暗自悲伤；迷恋权势的人，特别喜欢社会动荡，以求在动乱之中借机扩大自己的权势。而这些人，正是星云大师所说的“想不开、看不破”的人，注定烦恼一生。

权势等同枷锁，富贵有如浮云。生前枉费心千万，死后空持手一双。莫不如退一步，远离名利纷扰，给自己的心灵一片可自由驰骋的广袤天空，于旷达开阔的境界中欣赏美丽的世间风景。

莫因一件睡袍换了整套家居

人们对很多事物怀抱一种“愈得愈不足”的心态：在没有得到某种东西时，内心很平衡，生活很稳定。而一旦得到了，反而开始不满足，认为自己应该得到更多。这种心态我们称之为“狄德罗效应”。

在我们的生活中，到处都能看到狄德罗效应的影响。老百姓生活中最常见的就是：当一个人花了几十年积蓄才买到几十平米的商品房，为了对得起购买的价值，往往还要大费周章地装修一番，铺大理石，装实木门，配红木硬家具，添置各种摆设……装修完毕后，还得考虑出入这样的住宅得有好的行头，于是着装档次也提升了。可是口袋里的钱也越花越不够了，最后捉襟见肘，只能打肿脸充胖子。所以，尽量不要购买非必需品。因为如果你接受了一件，那么你会不断地接受更多不必要的东西。当然，生活中也不乏狄德罗效应的正面例子。人们在得到了比实际更高的赞誉时，能激励人以更高的标准要求自我。

我们如何更好地发挥“狄德罗效应”，让它给我们带来积极肯定的意义呢？

第一，相信我可以配得上华贵的袍子。在这里，我们把“狄德罗的袍子”看作是更高更好的追求。人们在树立了远大理想抱负的时候，就会逼着自己摆脱落后的现状，去积极追求更好的生活。那些之所以成功的人，正是坚信自己一定能摆脱贫穷的命运，相信自己是穿华贵袍子的人，于是努力去追求和创造，才拥有了今天我们看到的美好生活。

第二，从一点一滴做起，逐步完善目标。缺乏自信心的人往往会说：“你看，我什么都做不好，我没有任何优点，我一事无成。”可谁是一蹴而就的呢？灰心丧气的时候想一想孩童的牙牙学语、蹒跚学步，成功的经验都是一步一个脚印，从一点一滴积攒起来的。

虽说要懂得知足常乐，但有时候适当地提高一点儿要求，树立一个更高的目标，也许能更好地激发斗志，获得更大的成功。

过多的欲望会蒙蔽你的幸福

人很多时候是很贪心的，就像很多人形容的那样：吃自助的最高境界是——扶墙进，扶墙出。进去扶墙是因为饿得发昏，四肢无力，而扶墙出则是因为撑得路都走不了。人愿意活受罪是因为怕吃亏。而有些时候，人总是对自己不满，还是因为太贪心，什么都想得到。

很多人常常抱怨自己的生活不够完美，觉得自己的个子不够高、自己的身材不够好、自己的房子不够大、自己的工资不够高、自己的老婆不够漂亮，自己在公司工作了好几年了却始终没有升职……总之，对于自己拥有的一切都感到不满，觉得自己不幸福。真正不快乐的原因是：不知足。一个人不知足的时候，即使在金屋银屋里面生活也不会快乐，一个知足的人即使住在茅草屋中也是快乐的。

剑桥教授安德鲁·克罗斯比说：真正的快乐是内心充满喜悦，是一种发自内心对生命的热爱。不管外界的环境和遭遇如何变化，都能保持快乐的心情，这就需要一种知足的心态。知足者常乐，因为对生活知足，所以他会感激上天的赠予，用一颗感恩的心去感谢生活，而不是总抱怨生活不够照顾自己。

当我们抱怨自己的衣服不是名牌的时候，是否想到还有很多人连一套像样的衣服都没有；当我们抱怨自己的丈夫没有钱的时候，可否想到那些相爱但却已阴阳相隔的人；当我们抱怨自己的孩子没有拿到第一的时候，是否想到那些根本上不起学的孩子；当我们抱怨工作太累的时候，可否想到那些在街上摆着小摊的小贩们，他们每天起早贪黑，他们根本没有工夫去抱怨……其实，我们已经过得很好了，我们能够在偌大的城市拥有着自己的房子，哪怕只是租的，我们不用为吃饭发愁，我们拥有着体贴的妻子、可爱的孩子，有着依旧对自己牵肠挂肚的父母……实际上我们已经拥有的够多了，还有什么不满意的呢？快乐也是在知足中获得的。

可以有欲望，但不可有贪欲

伊索有句话说：“许多人想得到更多的东西，却把现在所拥有的也失去了。”对于生活，普通的老百姓没有那么多言辞来形容，但是他们有自己的一套语言。于是，老人们会在我们面前念叨：做人啊，要本分，不要丢了西瓜捡芝麻。这个道理其实与伊索说的是一样的。

的确，人生的沮丧很多都是源于得不到的东西，我们每天都在奔波劳碌，每天都在幻想填平心里的欲望，但是那些欲望却像是反方向的沟壑，你越是想填平，它就越向下凹得越深。

欲望太多，就成了贪婪。人人都有欲望，都想过美满幸福的生活，都希望丰衣足食，这是人之常情。但是，如果把这种欲望变成不正当的欲求，变成无止境的贪婪，那无形中就成了欲望的奴隶。

在欲望的支配下，我们不得不为了权力、为了地位、为了金钱而汲汲营营。我们常常感到自己非常累，但仍觉得不满足，因为在我们看来，很多人生活得比自己更富足，很多人的拥有的比自己的多。所以我们别无出路，只能硬着头皮往前冲，在无奈中透支着体力、精力与生命。

这样的生活，能不累吗？被欲望沉沉地压着，能不精疲力竭吗？静下心来想一想：有什么目标真的非要实现不可，又有什么东西值得我们用宝贵的生命去换取？

少一分欲望，多一分自在

生活当中有不少人，为了永无休止的贪欲而无谓地失去很多东西。为了生存，他们透支着体力和精力；为了爱情，他们透支着青春和情感；为了财富和地位，他们失去了健康和快乐。

其实，财富也好，情感也罢，或是其他方面的索求，都应该做到取之有度，适可而止。不然，我们很容易成为欲望的奴隶、贪婪的俘虏。贪，为万恶之源，失败之根本。有多少人由贪而变贫，由贪而服法，由贪而寝食难安，由贪而葬送生命。

唐代大诗人白居易有一首《对酒》诗：“蜗牛角上争何事？石火光中寄此身。随富随贫且随喜，不开口笑是痴人。”诗的大意是：人活在这个世界上，从空间上讲，就像是活在蜗牛角上一样局促；从时间上讲，就像电光火石一样短暂。何必为一些缥缈虚无的东西你争我夺呢，无论贫富都不应该斤斤计较，开口便笑，放怀得失才有真正的快乐。

我们看古代的很多诗人，都是这样的一种生活状态。比如陶渊明的诗：“方宅十余亩，草屋八九间。榆柳荫后檐，桃李罗堂前。暧暧远人村，依依墟里烟。狗吠深巷中，鸡鸣桑树颠。”这是一种再简单不过的生活了：种几亩田，栽几棵树，守着袅袅炊烟，听着鸡鸣犬吠。这样的日子简单、恬适，却也悠然自得。

良田千顷，夜眠八尺；家有万金，日食三餐。有时候真正的幸福并不是获得多少，而是你能够满足多少。

物欲太盛造成灵魂病态，使精神上永无宁静，心灵也永无快乐，这是受到贪欲人性捆绑的后果。在一个完全物化的世界里，人性被越来越多的贪欲之绳捆绑着，由此失去了快乐的生活和自由的空间。在欲望的海洋中泅渡是一种痛苦，彼岸遥遥而淡水枯竭，无边浩瀚的海洋就像是诱惑无数的花花世界，第一口海水本意为了解渴，哪知命运却也就此断送在了这一口海水中。人心中欲望太多，而不能一一得到满足，就会产生烦恼，就会觉得苦。人为了摆脱这种感觉就会竭尽全力地再次索取，却愈发摆脱不了贪婪人性的控制，一再地往深渊中深陷，幸福已在挣扎中失去了原本的色彩。

贪婪的本质是不安定，它像是长在人内心深处的一棵毒草，不断地腐蚀着本来清净的心灵。它时而蛰伏，时而膨胀，人若不能摆脱就只能受制，所谓人心不足蛇吞象，过于贪婪而没有节制只能招致生活的惩罚。

欲望是无穷的，贪婪像是一把利刃，不能丢下就不能踏上苦海之岸，心中揣着太多的贪念，行走尚且蹒跚，又怎么回头？不回头，哪里是苦海的岸呢？要想上岸，必须破除贪念，在修行中要将慈悲心提起，将奉献当作一种快乐。“布施的人有福，行善的人快乐。”这，是抵制贪念的第一利器，是一个人充满慈悲心的具体表现，更是一个人有智慧和有责任心的表现。人生一世，想要活得轻松，多一分自在，就要少一分贪欲。

放弃生活中的“第四个面包”

非洲草原上的狮子吃饱以后，即使羚羊从身边经过，也懒得抬一下眼皮；瑞士的奶牛也是一样，只要吃饱了肚子，它就会闲卧在阿尔卑斯山的斜坡上，一边享受温暖的阳光，一边慢条斯理地反刍。

在一个成功人士云集的聚会上，王立激动地表达了自己内心深处对幸福生活的理解：“不生病，不缺钱，做自己爱做的事。”会场上爆发了雷鸣般的掌声。

成功只是幸福的一个方面，而不是幸福的全部。人们对“成功”的需求是永无止境的，没完没了地追求来自外部世界的诱惑——大房子、新汽车、昂贵服饰等，尽管可以在某些方面得到物质上的快乐和满足，但是这些东西最终带给我们的是患得患失的压力和令人疲惫不堪的混乱。

两千多年前，苏格拉底站在熙熙攘攘的雅典集市上叹道：

“这儿有多少东西是我不需要的！”同样，在我们的生活中，也有很多看起来很重要的东西，其实，它们与我们的幸福并没有太大关系。我们对物质不能一味地排斥，毕竟精神生活是建立在物质生活之上的，但不能被物质约束。面对这个快节奏的世界，面对已被太多的欲求和不满压得喘不过气的生活，我们应当学会用好生活的减法，把生活中不必要的繁杂除去，让自己过一种自由、快乐、轻松的生活。

贪欲会让人走上不归路

人性中的弱点之一就是贪婪。

一位学者曾经说过：一个人的心脏只有拳头大小，但是，如果你把整个地球全部装进去，也装不满，还会有空隙。这句话形象地说明，人是非常贪婪的一种动物。

“人为财死，鸟为食亡。”禽兽追求的只是活命的口粮，贮存一点儿过冬的食物，便是最大的积蓄了。人却在无休止地拓宽自己的生活领域，有了基本的生存条件还要不停地让生活更为丰富多彩，于是便拼命地攫取。一只章鱼的体重可以达70磅，如此庞大的家伙，身体却非常柔软，柔软到几乎可以将自己塞进任何想去的地方。章鱼没有脊椎，这使得它可以穿过一个银币大小的洞，自由地游走在狭小的缝隙之中。它们最喜欢做的事情，就是将自己的身体塞进海螺壳里躲起来，等到鱼虾走近时，就咬断它们的头部，注入毒液，使其麻痹而死，然后美餐一顿。对于海洋中的其他生物来说，章鱼可以称得上是最狡猾、最阴险、最贪婪的动物之一。它们企图把整个海洋统治在自己手里，为此，它们利用自己的天然优势，贪得无厌地掠取其他动物的生命。它们无孔不入地活动在海洋的每一个角落，伺机满足自己的贪欲。

但是，章鱼再狡猾，人类也有办法制服它，而且正是利用了它的这种天性，人类才想出了一个绝妙的办法。渔民们用绳子将小瓶子串在一起沉入海底，章鱼一看见小瓶子，都争先恐后地往里钻，不论瓶子有多么小、多么窄。结果，这些在海洋里无往不胜的章鱼，一下子就变成了瓶子里的囚徒，变成了渔民的猎物，变成了人类餐桌上的美餐。是什么囚禁了章鱼？是瓶子吗？不，瓶子放在海里，瓶子不会走路，更不会去主动捕捉章鱼。囚禁章鱼的不是别的，正是它们自己的贪欲。贪欲就像是一个无底洞，像是一条不归路，吸引着章鱼向里走，向着最狭窄的路越走越远，不管那是一条多么黑暗的路，即使那条路是条死胡同，它们都不舍得放弃。

我们人类也一样，也并不比章鱼聪明几分，我们的人性中也有灰暗点，也会有诸多的欲望，随着欲望的愈发强烈，渐渐就变成了贪婪。所以，在很多时候，我们也会犯和章鱼一样的错，认为自己可以拥有得更多，而那些吸引我们忘乎所以的贪欲，就像那个瓶子一样，将我们囚于其中，使我们的心灵得不到放松与解脱，使我们直到身心疲惫也难以走出命运的迷宫。历史上赫赫有名的大贪官和珅，就是一个很好的例子。最初和珅也是一个不可多得的人才，他从小就显露出与众不同的聪明才智，经过多年的寒窗苦读和发愤图强之后，才有了出头之日。初到宫廷的和珅不断受到皇帝的重视，官越升越高，权力越来越大，金钱也自然越来越多。尝到了金钱和权力带来的甜头之后，和珅的心变得越来越贪婪，从而一发不可收拾，走上了一条不归路。

其实，人活着，追求功名、权力、金钱、地位本也无可厚非，但不论追求什么，总要适可而止。如果让贪欲牵着鼻子走，最终一定会走向万劫不复的深渊。

别让不正当欲望肆意生长

购物成癖也是病

据专家分析，大部分女人都有购物狂倾向，只不过程度不同而已。与男人相比，女人购物缺少理性，资料显示，超过40%的女人对促销商品有购买欲。同时，女人消费更容易受到他人观点的左右，这也从侧面反映了女性消费的非理性。

不过，尽管如此，女人由于自身的一些特点，通常在选择商品时要比男人细致，更注重产品在细微处的差别，也更加挑剔。从这点上看，女人的生意并不那么好做。如果厂家能在产品的设计和宣传上关注细节，则更能吸引女性消费者。此外，对女性而言，购物是她们释放压力的最常用方法。很多女人会在情绪不好时购物，以及时宣泄压力；情绪好时也购物，因为买了喜欢的东西可以体会到幸福感。

女人之所以喜欢上街购物，通常有以下几种心理：

第一，审美心理。女人一般都很爱美，不但希望把自己打扮得漂漂亮亮，还特别喜爱其他美丽精致的东西，而精美怡人的商品正是美的集中表现。女人爱逛商店有一个很重要的动机，就是去欣赏这些美，从而体验到一种赏心悦目的快乐。

第二，爱占便宜的心理。在商品价格上，女人比男人更加相信“货比三家，价比三家”的道理。女人买东西通常会比较几家商店的同类商品价格，经过一番斟酌比较后，选择最便宜的价格。女人不愿承担过高的风险，这就注定了女性对花销更谨慎，对价格更敏感。这也从一个侧面证明了促销活动对女性购物决策的影响力会比较大。因为在商家打折、送礼、限量发行的蛊惑下，女人时常会油然而生一种购物冲动。结果是，花很多钱买回一些自己并不需要的东西。每次购物热情散去，只好冷眼看着个人居所成了部分商品的分散“仓储库”。

第三，知晓心理。常常可以看到这样的现象，一位女士在服装柜台前，仔细地询问一番价格以及质地之后，并不购买。女人把对某些商品的了解，当作一种本领。女人一般都喜欢时尚，需要不断地从商店中获得最新流行信息。有些女人就是凭借对商品行情的了解和对流行服饰的敏感，而在群体中获得一定地位的。

第四，获得尊重的心理。当女人一踏进商店的大门，受到许多服务人员亲切而殷勤的接待时，她们就会产生一种高高在上的感觉。商店内美丽华贵的物品不但能够满足女人们的购物欲，还可以衬托出女性的高贵气质。奢侈的羊绒衫、珍贵精致的花瓶，只要是自己看好的东西，就算再贵也在所不惜，“有了它我的人生就完美了”。这也是女人宠自己的具体表现。

第五，群体认同心理。女性逛街一般都喜欢结伴而行，通过购物和好友进行交流，比如买东西时朋友之间可以互相提供参考意见。这种人际交往方式更轻松，相互之间更容易获得人际交往的满足感。

第三章

你不控制习惯，习惯就会控制你

坏习惯难改变，好习惯养成难

成功的习惯重在培养

美国学者特尔曼从1928年起对1500名儿童进行了长期的追踪研究，发现这些“天才”儿童平均年龄为7岁，平均智商为130。成年之后，又对其中最有成就的20％和没有什么成就的20％进行分析比较，结果发现，他们成年后之所以产生明显差异，其主要原因就是前者有良好的学习习惯、强烈的进取精神和顽强的毅力，而后者则甚为缺乏。

习惯是经过重复或练习而巩固下来的思维模式和行为方式，例如，人们长期养成的学习习惯、生活习惯、工作习惯等。“习惯养得好，终身受其益”；“少小若无性，习惯成自然”。习惯是由重复制造出来，并根据自然法则养成的。

孩子从小养成良好的习惯，能促进他们的生长发育，更好地获取知识，发展智力。良好的学习习惯能提高孩子的活动效率，保证学习任务的顺利完成。从这个意义上说，它是孩子今后事业成功的首要条件。

但是习惯是从哪里来的呢?

习惯是自己培养起来的。当你不断地重复一件事情，最后就有了应该和不应该，开始形成了所谓的真理，但是你还有更多的事情没有接触到。

习惯应该是你帮助自己的工具，你需要利用自己的习惯来更好地生活，如果哪个习惯阻碍了你实现这样的目标，那么就该抛弃这样的坏习惯。

自我暗示是我们用来挖掘心理道路的工具，“专心”就是握住这个工具的手，而“习惯”则是这条心理道路的路线图或蓝图。要想把某种想法或欲望转变成为行动或事实，之前必须忠实而固执地将它保存在意识之中，一直等到习惯将它变成永久性的形式为止。

跳出你的旧习惯

旧的习惯被破除，新的习惯又在产生，只是我们深信：“创新是创新者的通行证，习惯是习惯者的墓志铭。”

习惯是一种思维定式，习惯是一种行动的本能。我们习惯在早已习惯的轨道上滑行，我们习惯在习惯的人与事中穿梭。这种轻车熟路的感觉让人安逸舒适，这种美好愉悦的心境让人一路上看到的净是良辰美景。

我们不想改变，因为我们曾经成功过；我们不想改变，因为我们曾经受益于这些宝贵的经验。我们在习惯中自我陶醉，在习惯中慢慢老去……

但有一天，当掌声越来越稀少、鲜花越来越暗淡，在行走的道路上出现了不可逾越的高墙时，你才蓦然发现，你曾经的骄傲早已荡然无存。

曾经的经验变成了桎梏，昔日的模式已经过时。检讨自己，你会发现很多的失误源自你的习惯、你的固守。

我们曾经习惯靠指标生产，习惯靠粮票吃饭，习惯“一张报纸一支烟，一杯浓茶耗半天”的悠闲岁月。但“社会主义市场经济”的概念，促使我们彻底改变了旧有的习惯，我们开始学会在竞争中生存，开始学会在市场中觅食。我们的命运因此而改变。

我们曾经习惯用狂轰滥炸的广告打开市场销路，习惯在酒桌上赢得订单，习惯个人英雄主义式的决策与决断，习惯身先士卒、事无巨细的工作作风……不可否认的是，这些习惯并没有妨碍你的企业的成长。但是，当这些习惯不再与社会的发展产生共振，当这些习惯越来越成为你的企业发展的“肠梗阻”时，你必须跳出你的习惯，避免在一条道上走到黑的困境和尴尬。

尽管改变习惯有困难甚至是痛苦，但是你也别再为自己的习惯堆砌无数的理由和美妙的词句。因为，在习惯与创新的碰撞面前，你别无选择。

跳出你的习惯，有时候你会发现眼前豁然开朗，如巨蟒蜕皮般呈现出一种鲜活的生命；跳出你的习惯，你会发现很多难解的结一下子松动，企业又开始了新的征程。

给不良习惯找个“天敌”

意识产生动机，动机产生行为，这需要有动力。改变习惯同样需要有动力，动力来自哪里？动力有哪几种呢？

使人的行为发生的动力有两类：恐惧和诱因。行为发生了，是因为诱因足够；行为没有发生，是因为恐惧不够。如果一种习惯改变了，是因为诱因足够；如果一种习惯没有改变，则是因为恐惧不足。

恐惧比诱因具有更大的动力。你可以不为金钱利益所动，但是你害怕失去：害怕失去自由、害怕失去健康、害怕失去爱。所以马基雅维利说：“恐惧比感激更能够维系忠诚。”

改变习惯需要动力，动力分为诱因或恐惧。不管是国外还是国内，在古代的时候，君主都是以武力来实现统治，即利用臣民对自己的恐惧达到统治的目的，而不是对臣民好一点儿，让他们产生感激来维系忠诚。因为感激是不可靠的，出于感激，人们只会在满足自己的情况下，再考虑对方。而恐惧就不一样了，它甚至可以让你先满足对方的要求，再考虑自己。

一个人要改变习惯真的很难，一个不喜欢学习的人要让他每天都去学习，他会觉得很不舒服。但是到了快要考试的时候，他就有了压力，考试不及格怎么办？如果考得好的话可以拿奖学金，对以后的推荐上研究生、出国、找工作都很有好处。面对恐惧和诱惑双重影响，他就会逼着自己改变习惯，因为他有了动力。

森林公园为了保护鹿，把狼赶走了。但是一些鹿却得病而死。得病的原因是缺少运动，为什么缺少运动？因为没有了天敌——狼，所以不用奔跑了。后来森林管理人员又把狼引进了公园，这样鹿们又恢复了健康。

给自己一点儿“恐惧感”和“诱因”，你的不良习惯也许就遇到了“天敌”。

播种行为，收获习惯

比尔·盖茨先生认为，是4种良好的习惯——守时、精确、坚定以及迅捷——造就了成功的人生。没有守时的习惯，你就会浪费时间、空耗生命；没有精确的习惯，你就会损害自己的信誉；没有坚定的习惯，你就无法把事情坚持到成功的那一天；而没有迅捷的习惯，原本可以帮助你赢得成功的良机，就会与你擦肩而过，而且可能永不再来。

亚伯拉罕·林肯就是通过勤奋的训练才练成了他讲话简洁、明了、有力的演讲风格。温德尔·菲里普斯也是通过艰苦的练习才练就了他那出色的思考能力和杰出的交谈能力。

常言道："播种一种行为，就会收获一种习惯；播种一种习惯，就会收获一种性格。"好的习惯主要依赖于人的自我约束，或者说是依靠人对自我欲望的否定。然而，坏的习惯却像芦苇和杂草一样，随时随地都能生长，同时它也阻碍了美德之花的成长，使一片美丽的园地变成了杂草丛生的芦苇丛。那些恶劣的习惯一朝播种，往往10年都难以清除。

当人到了25岁或30岁的时候，我们就很难发现他们会再有什么变化，除非他现在的生活与少年时相比有了巨大的改变。但令人欣慰的是，当一个人年轻的时候，尽管养成一种坏习惯很容易，但要养成一种好习惯同样容易；而且，就像恶习会在邪恶的行为中变得严重一样，良好的习惯也会在良好的行为中得到巩固与发展。

习惯的力量是一种使所有生物和所有事物都臣服在环境影响之下的法则。这个法则可能会对你有利，也可能对你不利，结果如何全由你的选择而定。

当你运用这一法则时，连同积极心态一起应用，所产生的力量是巨大的，而这就是你思考致富或实现任何你所希望的事情的根本驱动。

也许你并没有很好的天赋，但是，一旦你有了好的习惯，它一定会给你带来巨大的收益，而且可能超出你的想象。

人们往往认为，重拾坏习惯的强烈愿望如果不能达到，终会成为破坏力量。然而只要转移注意力，即使是几分钟，那种愿望也会消散，而自制力则会因此加强。

避免重染旧习比最初戒掉时更困难。但是如果你能够把新习惯维持得越久，就越有把握不重蹈覆辙。

习惯决定命运，自控力改变习惯

甩掉“轻易放弃”的想法

俗语说：世上无难事，只怕有心人。这个有心，就是有恒心，有了恒心，不轻言放弃，再难的事也能成功。没有恒心，遇到困难就中途放弃，则一事无成，再容易的事也会成为困难的事。

天下事最难的不过1/10，能做成的有9/10。要想成就大事大业，尤其要有恒心，要以坚忍不拔的毅力、百折不挠的精神、排除纷繁复杂的耐性、坚贞不屈的气质，作为涵养恒心的要素。

一个人之所以成功，不是上天赐给的，而是自己长期努力的结果，千万不能存有侥幸的心理。幸运、成功永远只会属于辛劳的人、有恒心不轻言放弃的人、能坚持到底的人。事业如此，德业同样如此。

“冰冻三尺，非一日之寒。”从这个自然现象中就能体现出恒心的作用来。一日曝之，十日寒之；一日而作，十日所辍。这种情况下成功的概率，几乎等于零。

现在有一种流行病，就是浮躁。许多人总想一夜成名、一夜暴富。比如，投资赚钱，不是先从小生意做起，慢慢积累资金和经验，再把生意做大，而是如赌徒一般，借钱做大投资、大生意，结果往往惨败。网络经济一度充满了泡沫。有人并没有认真研究市场，也没有认真考虑它的巨大风险性，只觉得这是一个发财成名的“大馅饼”，一口吞下去，最后没撑多久，草草倒闭，白白“烧”掉了许多钞票。

俗话说得好：滚石不生苔，坚持不懈的乌龟能快过灵巧敏捷的野兔。如果能每天学习1小时，并坚持12年，所学到的东西，一定远比坐在教室里接受4年高等教育所学到的多。正如布尔沃所说的：“恒心与忍耐力是征服者的灵魂，它是人类反抗命运、个人反抗世界、灵魂反抗物质的最有力支持，它也是福音书的精髓。从社会的角度看，考虑到它对种族问题和社会制度的影响，其重要性无论怎样强调也不为过。”

大发明家爱迪生也说："我从来不做投机取巧的事情。我的发明除了照相术，没有一项是由于幸运之神的光顾而完成的。一旦我下定决心，知道应该往哪个方向努力，我就会勇往直前，一遍一遍地试验，直到产生最终的结果。"

凡事不能持之以恒，正是很多人失败的根源。所以，培养不轻言放弃的习惯对于一个渴望成功的人尤为重要。

如果你是某一领域的专业人员，你的成功目标就是成为这一领域的翘楚，那么就不能单是把计划完成，你必须把作品展示出来，接受别人的批评。不要把你的小说只给一家出版社看，如果这一家不接受的话，不要全盘放弃。你必须再接再厉，给很多家出版社看，一定要给自己的作品充分的机会。

如果你为了完成这个计划已经付出了很多，那就坚持下去，也许最艰难的时候，也是离成功最近的时候。

不要恐惧承担太多责任

我们在生活、工作中，总要承担一定的责任。责任的增加往往意味着你的权利和义务也在相应地增加。有的人会因为担心自己承担不了太多的责任而拖延工作，不肯鞭策自己做到最好。其实，更多的责任是你对自己能力的一次次考验，你可以从中发掘自己的潜力，从而更好地提升自己。

人们害怕承担太多的责任是因为担心自己做不好，但正是这种负面的思维方式才让人们放弃了很多发现自己更多能力的机会。有个叫林洁的人，常常谈起她的理想是做一名专栏作家，但她又担心，一旦她发表了第一篇，接下来却写不出来了，或者是无法长期继续写下去时该怎么办。结果她在过去的3年中，什么也没写。等到她终于克服了自己的恐惧，开始动笔时，报社就增加了一个很有天赋、热爱写作的专栏作家，她的专栏大受欢迎，她也因此实现了自己梦寐以求的理想。

要知道，责任并不仅仅是我们生活中的包袱，它还意味着你可以找到发挥自己能力的另一片天地，你还有更多的能力，你能够用另一种方式证明你自己。

有时候，我们有一些来自自身的消极语言，这些如枷锁一样的消极语言让我们恐惧承担更多的责任。这些消极语言可能是我们从小就接受的根深蒂固的教育。例如，如果我们被认为是内向的人，我们就不敢当众讲话。这样，我们当众讲演的天分就会一点点丧失，我们对自己内向的观点深信不疑。我们每一次要发表自己观点的时候，这个观点就出现在我们的脑海中，于是，我们一次又一次错过了当众讲演的机会。有时候这样的消极语言就像传家宝一样被我们秘密收藏，我们甚至会一遍又一遍自言自语地加深自己的印象。

要想克服这样的恐惧感，就要有勇气迈出前行的第一步。哪怕是试着在小型的会议上做一个有关自己部门业绩的工作汇报，也是一次好的开始。这样，你就会开始表达自己的意见，而不是因为性格内向就不敢当众讲话。当你的这个限制被你自己打破时，你就不会再恢复到不敢表达自己的从前。

要知道，如果你不相信自己能做某事，不肯为它承担责任，你就会渐渐失去做这件事的能力。只有相信自己能做某事，并勇于承担起自己的责任，才能给你以巨大的力量，帮助你战胜一切。

让理性代替易怒

人，最大的坏习惯就是易怒，遇到不耐烦的事，遇到看不惯的人，没有耐心疏导事由，而是大发雷霆，这样于人于已实无一益。理性地控制自己，不仅是一种修养，也是一种能力。

当一个人对自己有了正确的、全面的了解时，他也同时能以一种理性的方式去思考别人和周围的事物。环境的突变，事件的突变，他都能理智分析，泰然处之。理性的人善于控制自己，他能够很快适应周围的人。由于良好的自控能力，别人会更加尊重他。遇到可怒之事时，不妨冷静下来，平息自己的愤怒。假如你发起脾气来，对人家发作一阵，你固然非常痛快地发泄了你的情感。但那又能怎样？他能分担你的发泄吗？你争斗的声调、仇视的态度，能使他同情你吗？

“假如你握紧双拳找上我，我想我也会不甘示弱的。”威尔逊说道，“我的拳头会握得和你一样紧。但是，假如你对我说：‘让我们坐下来讨论讨论，如果我们意见不同，不同之处在哪里，问题的症结在哪里？’那么我是可以接受的。我们也许只在部分观点上不同，但大部分还是一致的。只要彼此有耐心，开诚布公，还是可以达到步调一致的。”

所以，当别人对你的缺点提出批评甚至指责时，当你和朋友为某件小事“斗嘴”时，当你一时感到生活压抑时，你一定要学会克制自己的愤怒，让你的大脑“冷却”下来，让你胸中的“惊涛骇浪”平息下来，把你的粗嗓门压下来，把你要伸出的拳头收回来……

卓越是一种习惯，平庸也是一种习惯

在我们的工作和生活中，有很多效率低下的例子。例如有些人只知道一味地例行公事，而不顾做事的实际效果；他们总是采取一种被动的、机械的工作方式。在这种状态下工作的人，往往缺乏主观能动性和创造性，在工作中不思进取、敷衍塞责，总是为自己找借口，无休止地拖延……

另一方面，我们也可以看到很多做事高效的例子。例如有些人做起事来注重目标，注重程序，他们在工作中往往采取一种主动而积极的方式。他们工作起来对目标和结果负责，做事有主见，善于创造性地开展工作；工作中出现困难的时候会积极地寻找办法，勇于承担责任，无论做什么总是会给自己的上司一个满意的答复。

高效能人士与做事缺乏效率的人的一个重要区别在于：前者是主动工作、善于思考、主动找方法的人，他们既对过程负责，又对结果负责；而后者只是被动地等待工作，敷衍塞责，遇到困难只会抱怨，寻找借口。

另外，高效能人士不仅善于高效工作，同时也深谙平衡工作与生活的艺术。他们既不会为工作所苦，也不为生活所累。他们不是一个不重结果、被动做事的“问题员工”，也不是一个执着于工作，忽视了生活、整日为效率所苦的“工作狂”。

一个游刃于工作与生活之中的高效能人士应当具备很多素质，比如做事有目标，能够正确地思考问题，是一个解决问题的高手，重视细节，高效利用时间，勇于承担责任，不找借口，正确应对工作压力，善于把握工作与生活的平衡，善于沟通交际，拥有双赢思维等等。

一位哲人说过：“播下一种思想，收获一种行为；播下一种行为，收获一种习惯；播下一种习惯，收获一种性格；播下一种性格，收获一种命运。”要不断提升自己的素质，做一名合格的高效能人士，就要养成正确的工作和生活的习惯。

第四章

一生中总有一个时期需要卧薪尝胆

宝剑锋从磨砺出，梅花香自苦寒来

我们现在这个时代，浮躁之风吹拂起满天灰尘。不少人睁大眼睛，焦急地觅寻出路，结果反而迷失方向，因为尘埃吹进了他们的双眼。而有些人则耐心地闭目思考，等尘埃落定时，再伺机出动，反而成为时间的主人。时间可以考验意志，也可以滋润情谊。耐心是一种成功机制，等待有时可带来成功的时机与运气。

犹如幼鹰在蛋壳中静静地孵化，耐心赋予了生命力量；犹如蓓蕾在枝头上悄悄地守候，耐心给予了生命美丽。

许多人都知道，在非洲极其干旱的沙漠之中，生长着一种神圣的花朵——依米花。让人惊叹的是，这种花为了积聚开放所需要的水分，竟需要耐心地等待四五年。然后，在吸足蓓蕾所需要的全部水分和养分后，它开花了。这是世界上最艳丽的花朵，美得令人惊心动魄，似乎把整个荒漠都照亮了。

能够年少成名当然好，就如人们常说的，出名要趁早，可是具有天赋的人毕竟是少数，我们很多人都需要经过较长时间的努力才会在自己的领域有所得、有所获。

正如“台上十分钟，台下十年功”，成功之前往往需要经历长时间的寂寞与艰苦跋涉。那些奥运赛场上的冠军，无一不是多年苦练的结果。就连诺贝尔奖的各项得主，也有不少是在古稀甚至是耄耋之年才获此殊荣的。

可遗憾的是，许多人耐不住寂寞，他们浮躁、急功近利，总是想着一步登天。他们在乎的不是历练和经验，而是结果，最好是能一夜成名。这样的人缺乏坚定的目标感，缺乏踏踏实实和持之以恒的心态，太急于求成，最后往往难以有所成就。

我们不得不正视这样一个现实，当今社会由于信息的轰炸、各种欲望与成功的诱惑，让现代人目不暇接，不少人认为人生苦短，没有时间去等待，于是烦躁的心态、急功近利的想法常常让现代人焦虑不安。

一天建不成罗马，一步到不了长城，一夜成功的机会更是少之又少。在人生的征途上，我们需要用耐心和毅力去忍受和改变刚进社会时的无知与无人喝彩，用耐心和毅力去面对社会对你的熏陶和锤炼。事实上，命运对谁都是公平的，而有人什么也没找到，有人却找到了很多，这并非后者更幸运，关键是他更能努力、更能坚持。

将等待进行到底，才有翻牌的机会

迟了半分钟下楼，远远望见巴士就在自己眼前开走，下一班车，起码要再等15分钟，虽无奈，但你不得不等。

生活中，等待是常事。出行等巴士、吃饭等座位、排队等过关……等待，浪费了多少光阴，消耗了多少耐性，但你又不得不等。

对于小孩而言，等待相对简单：等待放假父母陪他玩、等待一年一度的生日礼物、等待一切新奇事物的出现……

但是对于大人而言，等待的结果可能出人意料：一个女孩，和香港人交友、结婚，等了5年终于移居香港。哪晓得两人真正生活在一起没多久，就闹离婚分开。难道，她的等待只是为了分离？

有人等待昙花一现。虽然那美丽的花开是那么短暂，但只要亲眼一见，也就无憾。事实上，在现实生活中，我们常常等不到铁树开花，更等不到天上掉下馅饼，当你整天坐在那里等待，等来的是岁月的流逝，是皱纹爬上额头，是心里深深的懊恼……

我们总幻想机会将眷顾自己，总坐在原地等待，机会却不会主动出现；机会要靠人积极寻找，要靠人像猎鹰一样去攫取。所以，等待也并不是消极等待。

记得听过这样一句话：每个人都是独一无二的，上帝造你出来，不是让你躲在角落里等待和哭泣，而是要扬帆出海，尝试各种可能性，开拓美好的人生。

但是，生活中有些事却是必须耐心等待的：春天播下粒粒种子，等待秋天收成硕果；抚养一个孩子，等待他长大成人，目送他出外闯荡，等待他疲惫时回家疗伤；你一生辛勤耕耘，当年老的时候，你将有资格等待岁月的馈赠。

慢慢地我们会体会到，等待其实是一种智慧。

因为等待带来的，是无尽的希望。实际上，只有耐心等待的人，才会在失败后重新崛起，打个漂亮的翻身仗。

因此，我们不能说等待是一种悲伤，是一种疼痛，是一种无奈，有时候，它是一种被我们忽略的美好和喜悦。

脚踏实地是最好的选择

当我们不具备成功的天赋时，只有脚踏实地，才能让自己站稳脚跟。正如山崖上的松柏，经过无数暴风雪的洗礼，只有坚定地扎根于土地，才能长成坚韧的大树。

一个人若不敢向命运挑战，不敢在生活中开创自己的蓝天，命运给予他的也许仅是一个枯井的地盘，举目所见将只是蛛网和尘埃，充耳所闻的也只是唧唧虫鸣。

所以，成功需要付出，希望需要汗水来实现，人生需要勤奋来铸就。

坚定自强不息的信念，让它深深地根植于你的心中，它就会激发你各方面的潜能，使你勇敢面对工作中的一切困难和障碍。

努力把自己的事做得更好，就是一种创造！厨师把菜做得更美味可口，裁缝把衣服做得更美观耐穿，建筑师盖出更舒适的房屋，司机开车更安全，作家努力写出更好的文章，都会为自己带来幸运，同时也为他人带来幸福。

无论是在生活中还是在工作中，都需要我们脚踏实地，时时衡量自己的实力，不断调整自己的方向，一步一步达到自己的目标。

人生有各种各样的舞台，但最能展现你才华的舞台，却只有一个。只有准确地选择这个舞台，脚踏实地地干下去，你的才华才能得到更好的发挥，从而实现自己的人生梦想。

沉住气，成大器

随着CPI上涨、房价暴涨、股市暴跌，在我们的心灵深处，总有一种力量使我们茫然不安，让我们无法宁静，这种力量叫浮躁。“浮躁”在字典里解释为：“急躁，不沉稳。”浮躁常常表现为：心浮气躁，心神不宁；自寻烦恼，喜怒无常；见异思迁，盲动冒险；患得患失，不安分守己；这山望着那山高，既要鱼也要熊掌；静不下心来，耐不住寂寞，稍不如意就轻易放弃，从来不肯为一件事倾尽全力。

随着经济发展如浪潮般步步攀高，这种浮躁的气息在社会中蔓延，几乎触及了参与其中的每一个人：某些官员领导急功近利，大搞不切实际的形象工程；演员不苦练基本功，借助绯闻来炒作自己；商人不一心一意经营自己的产业，却去炒股、炒房；学生不专心念书，妄想通过不相干的社会活动增加综合测评分数或通过考试作弊拿到高分；还有的人做事具有更强的目的性，交朋友具有更强的工具性，处世具有更强的功利性。很多人都想成功，却总是被成功拒之门外。

很多人在做事情的时候不能静下心来扎扎实实地从基础开始，总是觉得踏踏实实地做事情的方法很笨，于是做什么事情都求快，想以最小的付出获得最大的利益，浮躁的心态让人不会专注地做一件事情，所以也就很难成功。在人生的牌局中，要想赢牌，浮躁就是最大的敌人。

古往今来，那些成大器者，无不是沉稳、干练、能够耐得住寂寞的人。

在当今中国市场经济的大背景下，很少有人能按捺住自己那颗烦躁的心，守住自己可贵的孤独与寂寞，而变得越发盲目和急功近利。浮躁是一种情绪，一种并不可取的生活态度。人浮躁了，会终日处在又忙又烦的应急状态中，脾气会暴躁，神经会紧绷，长久下来，会被生活的急流所挟裹。凡成事者，要心存高远，更要脚踏实地，这个道理并不难懂。

踏实、沉稳，心平气和、不急不躁，抛开浮躁的心态，从身边的小事做起，脚踏实地地坚持，坚忍不拔地努力，我们才有可能达成人生的目标，走到成功的那一步。

纵观现实生活，灯红酒绿，歌舞升平，可谓热闹非凡。但生活终将归于平静，每个人也将归于平淡。耐得住寂寞，平淡对待得失，冷眼看尽繁华，在人生的历练中，是一种气度与志向。但愿“守得住寂寞”不只是当下的一句警世通言，更是每个人的自觉行为。

大收获必须付出长久的努力

幸运、成功永远只能属于辛劳的人，有恒心不易变动的人，能坚持到底、绝不轻言放弃的人。

耐性与恒心是实现目标过程中不可缺少的条件，是发挥潜能的必要因素。耐性、恒心与追求结合之后，形成了百折不挠的巨大力量。

我们与大千世界相比，或许微不足道，不为人知，但是我们能够耐心地增长自己的学识和能力，当我们成熟的那一刻、一展所能的那一刻，将会有惊人的成就。正如布尔沃所说的：“恒心与忍耐力是征服者的灵魂，它是人类反抗命运、个人反抗世界、灵魂反抗物质的最有力的支持。从社会的角度看，考虑到它对种族问题和社会制度的影响，其重要性无论怎样强调也不为过。”

凡事没有耐性，耐不住寂寞，不能持之以恒，正是很多人最后失败的原因。

拥有耐力和恒心，虽然不一定能使我们事事成功，但却绝不会令我们事事失败。古巴比伦富翁拥有恒久的财富秘诀之一，便是保持足够的耐心，坚定发财的意志，所以他才有能力建设自己的家园。任何成就都来源于持久不懈的努力，要把人生看作一场持久的马拉松。整个过程虽然很漫长、很劳累，但在挥洒汗水的时候，我们已经慢慢接近了成功的终点。半路放弃，我们就必须要找到新的起点，那样我们只会更加迷失，可是如果能坚持原路行进，终点不会弃我们而去。也许，我们每个人的心里都有一个执着的愿望，只是一不小心把它丢失在了时间的蹉跎里，让天下最容易的事变成了最难的事。然而，天下事最难的不过十分之一，能做成的却有十分之九。要想成就大事大业的人，尤其要有恒心来成就它，要以坚忍不拔的毅力、百折不挠的精神、排除纷繁复杂的耐性、坚贞不变的气质，作为涵养恒心的要素，去实现人生的目标。

人生像一场马拉松赛跑，有耐力能支持到最后的就是成功者，中途脱队倒下都不行。只要我们有恒心达到目标，比别人慢没有关系，到终点时一样会有人为我们鼓掌。

不是每一次播种都有收获

并不是你的每一分努力都会收到效果，并不是你的每一次坚持都会有人看到，并不是你的每一点付出都能得到回报，并不是你的每一个善意都能被理解……也许这就是世道。有很多时候，人需要一点儿耐心，一点儿信心。每个人总会轮到几次不公平的事情，而通常情况下，耐心等待是最好的应对办法。

人总是会遇到挫折，总是会有低潮，总是会有不被人理解的时候，总是有要低声下气的时候，而这些恰恰是人生最关键的时候，因为大家都会碰到挫折，而大多数人过不了这个门槛，你能过，你就成功了。在这样的时刻，我们需要耐心等待，满怀信心地去等待，相信生活不会放弃你，机会总会来的。至少，还年轻，有什么可怕的呢？路要一步步走，虽然到达终点的那一步很激动人心，但大部分的脚步是平凡甚至枯燥的，但没有这些脚步，或者耐不住这些平凡枯燥，你终归是无法迎来最后的那些激动人心。

逆境，是一种考验。你不好受，别人也不好受，你坚持不下去了，别人也一样，当遇到困境的时候千万不要告诉别人你坚持不住了，那只能让别人获得坚持的信心，让竞争者微笑地看着你失去信心，退出比赛。胜利永远属于那些在寂寞中能够沉得住气的人。无论什么时候，我们总还是有希望。即便是所有的人都失去了希望，我们也不可以对自己失去信心。

有的人为什么迷失，为什么找不到自己？这不仅是因为我们太过于浮躁、太过于追求外在的感觉了，更重要的原因是我们在繁华喧闹的社会中失去了真正的自己。一个人如果不能看清真实的自己，就会使自己产生一种飘忽不定、没有方向、没有目的的感觉。

低谷时不放弃，在寂寞中悄然突破

低谷的短暂停留，是为了向更高峰攀登

人生就像四季，有着寒暑之分，也会有冷暖交替的变化。情场失意、工作不得志、与家人无法沟通、在同事中不被认同、亲人病危……当我们面临人生的“冬季”时，不可避免地会陷入情绪的低潮，并经常在低潮与清醒中来回摇摆。其实，当一个人处于人生中的“冬季”时，正是好好反省、重新认识自己的时候，因为在所谓清醒的时刻，往往并非是真正的清醒。不管是刻意压抑或是在潜意识中，都会在有意或无心的时候，否定了内心种种孤寂、空虚的感受，也压抑了由恐惧所引起的各种负面情绪。

当然，一般人也想过办法来解决这样的问题，有人尝试各种各样的方法，只是到了最后，还是不忘提醒自己这样的话：“书

上写的、朋友说的我都懂，不过，懂是一回事，能不能做又是另外一回事！”就这样，不是畏惧改变，就是不耐于等待，而错失了反省自己的机会！

人在顺境时得意是非常自然的事情，但是能在低谷中、苦中寻乐，或是让心情归于平静去认识平常疏于了解的自己，则能帮助自己成长。

生活中的“冬季”就像开车遇到红灯一样，短暂的停留是为了让你放松，甚至可以看看是否走错了方向。人生是长途旅行，如果没有这种短暂的休息，也就无法精力充沛地继续未完的旅程。生命有高潮也有低谷，低谷的短暂停留是为了整顿自我，向更高峰攀登。

有一种成功叫锲而不舍

歌德在《浮士德》中说：“始终坚持不懈的人，最终必然能够成功。”人生的较量就是意志与智慧的较量，轻言放弃的人注定不是成功的人。

一个人身处困境之中，不自强永远也不会有出头之日，仅仅一时的自强而不能长期坚持，也不会走上成功之路。因此，坚持不懈地自强，才是扭转命运的根本力量。

古希腊哲人苏格拉底说：“许多赛跑者的失败，都是失败在最后几步。跑‘应跑的路’已经不容易，‘跑到尽头’当然更困难。”一个人的成功往往来自内心的一种坚持，虽然每个人的境遇完全不同，可是他们都没有放弃自己内心的追求！这一点点坚持使他们在竞争中成为真正的赢家！

要怀有成为珍珠的信念

常言道：“留得青山在，不怕没柴烧。”任何时候，只要人在就有希望，遇到任何处境都不至于绝望，流过血，流过泪，付出了汗水，痛哭过后，擦干眼泪，一切可以重新开始。

所以，不论是遇到什么事情，不论事情在现在看来是如何的糟糕，千万不要以为没有了办法，也不要因为一次失败就认为自己无能，每一个人几乎都是由不断失败，再不断爬起来才获得成功的。或者每当觉得开始绝望的时候，多鼓励自己再试一次，再试一次很可能让自己跨越了苦难的沼泽地，给自己一个机会，生活的机会才会留给自己。

其实，人生没有绝望的处境，只有对处境绝望的人。即使自己是一粒细沙，也要相信自己能够成为一颗珍珠。只有抱着这样的信念，我们才能走向成功。

冬天里会有绿意，绝境中也会有生机

我们知道，事情的发展往往具有两面性，犹如每一枚硬币总有正反面一样，失败的背后可能是成功，危机的背后也有转机。

危机之下，谁都不希望面临绝境，但绝境意外来临时，我们挡也挡不住，与其怨天尤人，还不如奋力一搏，说不定，还会创造一个奇迹。

有人说过这样一句话："瀑布之所以能在绝处创造奇观，是因为它有绝处求生的勇气和智慧。"其实我们每个人都像瀑布一样，在平静的溪谷中流淌时，波澜不惊，看不出蕴涵着多大的力量。往往当我们身处绝境时，才能将这种力量开发出来。

其实，每个人皆是如此，虽然我们的生活并不会时时面临枪林弹雨，但总有身处绝境的时候，每当此时，我们往往会产生爆发力，而正是这种爆发力将我们的力量激发出来了。所以，面临绝境的时候，不要灰心，不要气馁，更不要坐以待毙，勇往直前，无所畏惧，你我都可以"杀出一条血路"。

黎明前的夜是最黑的，只要我们在漆黑的夜中能看到一线曙光，那么，我们就要相信光明总会到来。事情总会有转机，不要消沉，不要一蹶不振，用阳光武装自己，相信船到桥头自然直，相信大雨过后天会更蓝。

坚守寂寞，坚持梦想

当你面对人类的一切伟大成就的时候，你是否想到过，曾经为了创造这一切而经历过无数寂寞的日夜，他们不得不选择与寂寞结伴而行，有了此时的寂寞，才能获得自己苦苦追求的似锦前程。

成功不是一蹴而就的，要经过很多磨难，每个人无论如何都不能丢弃自己的梦想，要执着于自己的目标和理想，把自己开拓的事业做下去。

很多时候，在日常生活、工作中我们必须在寂寞中度过，没有任何选择。这就是现实，有嘈杂就有安静，有欢声笑语，就有寂静悄然。

既然如此，你逃脱不掉寂寞的影子，驱赶不走寂寞的阴魂，为什么非要与寂寞抗争？寂寞有什么不好，寂寞让你有时间梳理躁动的心情，寂寞让你有机会审视所作所为，寂寞让你站在情感的外圈探究感情世界的课题，寂寞让你向成功的彼岸挪动脚步，所以，寂寞不光是可怕的孤独。

寂寞是一种力量，而且无比强大。事业成功者的秘密有许多，生活悠闲者的诀窍也有许多。但是，他们有一个共同的特点，那就是耐得住寂寞。山川草木无不含情，沧海桑田无不蕴理，天地万物无不藏美，那是它们在寂寞之后带给人们的享受。所以，耐住寂寞之士，何愁做不成想做的事情。有许多人过高地估计自己的毅力，其实他们没有跟寂寞认真地较量过。

我们常说，做什么事情都需要坚持，只要奋力坚持下来，就会成功。这里的坚持是什么？就是寂寞。每天循规蹈矩地做一件事情，心便生厌，这也是耐不住寂寞的一种表现。

如果有一天，当寂寞紧紧地拴住你，哪怕一年半载，为了自己的追求不得不与寂寞搭肩并进的时候，心中没有那份失落，没有那份孤寂，没有那份被抛弃的感觉，才能证明你的毅力坚强。

人生不可能总是前呼后拥，人生在世难免要面对寂寞。寂寞是一条波澜不惊的小溪，它甚至掀不起一个浪花，然而它却孕育着可能成为飞瀑的希望，渗透着奔向大海的理想。坚守寂寞，坚持梦想，那朵盛开的花朵就是你盼望已久的成功。

寂寞是孤单；寂寞是冷清；寂寞是寂静；寂寞是无人问津；寂寞是磨炼耐性的试金石；寂寞是一条无形的枷锁，它悄悄地绑住了你的灵魂，轻易不会松手。

放低姿态，像南瓜一样默默成长

成功常在辛苦日，败事多因得意时。切记：不要老想着出风头。一个人的成绩都是在他谦虚好学、伏下身子踏实肯干的时候取得的，一旦傲气上升、自满自足，必然会停止前进的脚步。

有人会说，大凡骄傲者都有点本事、有点资本。你看，《三国演义》中“失荆州”的关羽和“失街亭”的马谡不是都熟读兵书、立过大功吗？这种说法其实是只看到了事情的表面，而没看到事情的本质。关羽之所以“大意失荆州”，马谡之所以“失街亭”，不正是因为他们自以为“有资本”而铸成的大错吗？

一个人有一点儿能力，取得一些成绩和进步，产生一种满意和喜悦感，这是无可厚非的。但如果这种“满意”发展为“满足”，“喜悦”变为“狂妄”，那就成问题了。这样，已经取得的成绩和进步，将不再是通向新胜利的阶梯和起点，而成为继续前进的包袱和绊脚石，那就会酿成悲剧。

在这个世界上，谁都在为自己的成功拼搏，都想站在成功的巅峰上风光一下。但是成功的路只有一条，那就是放低姿态，不断学习。在通往成功的路上，人们都行色匆匆，有许多人就是在稍一回首、品味成就的时候被别人超越了。因此，有位成功人士的话很值得我们借鉴：“成功的路上没有止境，但永远存在险境；没有满足，却永远存在不足。在成功路上立足的最基本的要点就是学习，学习，再学习。”

要想在成功的道路上走得既坚定又稳健，必须放低自己，戒骄戒躁，永不自满。千万不要做半杯水，要以一种空杯心态虚心学习，养成进取的良好学习习惯。这样，我们才会在有所成绩的基础上更进一步，才会在成功路上走下去。

第五章

掌控时间，掌控人生

掌控时间，从做好计划开始

你的时间总是不够用吗

如果有紧急的事情，那就赶快去做吧，一刻也不要拖延。你若对其置之不理，今天的急事将会成为明天的灾难！

总是有太多的事情等待我们去处理，所以通常我们都会有很多选择，但不知道先做什么好。正是因为这种无从选择才导致了拖延。

要学会先做重要的事，假设你明天有事要出国一段时间，那么什么事情才是你最想做的呢？你应该最先处理什么事情呢？

做事拖延的主要原因是因为目标太大、任务繁重以致于让你感到沮丧，或者是该项任务你并不感兴趣。另外，害怕失败，对任务重要性的不理解，以及认为任务本身太枯燥等都是拖延产生的原因。

此外，有太多的人都渴望在最短的时间内获得最大的效率。人类作为高等动物本身应具备忍耐的能力，那么为什么会有那么多人对效益表现得急不可待呢？又有多少人会因为进程被耽搁而大发雷霆呢？这些愤怒爆发于道路、邮局、超市的手推车和等待红绿灯的长队中。如果你的内心存在一个小小的角落可以容纳这些时间缓冲的话，就会发现自己根本没必要为这些小事大动肝火。事情往往会因为各种情况产生延误，对于这些延误，聪明的人总会选择耐心地等待。

时间掌控的关键在于正确地衡量任务完成的结果，而非任务本身。

改掉拖延的毛病

在我们周围，有这样一种人，工作开始时总是满腔热情，给自己定下远大的目标，决心晚上6点开始努力工作，但身边有太多的事情使他找到了各种各样拖延工作的借口。结果可想而知，直到深夜他才发现自己一事无成。

人都是有惰性的，总想着把轻松的事先做完再办正事，但往往心有余而力不足，在做完所有闲事后的你已经没有力气再工作了。这是一个坏习惯，但遗憾的是，这个坏习惯普遍地存在于大多数人的生活中。

正如人们所说的一样：“坏习惯就躺在温床上，上去容易，下来难。”

其实仔细想一下，一天中你所厌烦的工作不可能总是很多的，主要是因为你厌恶这项工作，对此没兴趣，所以注意力自然而然地会被周围事物所吸引，工作时间才会延长。所以说并不是做厌烦的工作要花费很长的时间，而是你拖拖拉拉地把这段时间拉长了。

这样看来，要制订有效的时间掌控计划，第一步就是要杜绝拖延，要找出自己的弱点——干扰自己的外界因素，把它们统统列出来并时刻提醒自己不要被这些东西拖延了。

选择适合自己的时间管理方法

要想选择适合自己的时间管理方法，首先必须明确自己要做哪些方面的改变。只有改变错误的习惯，才能有效地掌控时间。

为自己制订一份时间表，详细记下你每天完成某项任务所用的时间。然后依此类推，计算出你每周、每月完成这项任务所用的时间。要保证这些数据的正确性，及时查看，看看自己实际的工作时间与计划的工作时间是否有出入。

你会发现一个问题，那就是自己在喜欢的工作上花费了太多的时间。当你还在为别人无法把你喜爱的工作完成得如此完美而得意时，你不得不承认这样的完美是以你牺牲做其他事情的时间来办到的，这无疑是一种时间的浪费。

在做事情之前，你心里要明白：

你想成为哪一类人？你的生活态度是什么？

你喜欢什么？什么样的结果才令你满意？

怎么样才能使你开心？你想实现怎样的目标？

要实现目标，自己要做哪些方面的改变？

要达到目标，具体要完成哪几项任务？

把以上小窍门记下来，随身携带以供及时参考。

列出最重要的工作

“在日程安排表中具体列出需要完成的工作”这一方法在时间掌控上是最实用的。

请在上述几条建议中选择三至四条适合自己的，然后每天坚持实践，直到这些建议中所提到的习惯已成为你生活中的一部分。

每天列出至少三件你认为是最重要的事，并确保这些事完成的可能性，以期达到自己最后设立的目标。

如果你是一个渴望减肥的人，那么身上一下子甩下一大块脂肪一定能使你喜出望外。请用同样的方法来看待时间掌控这一问题。你在日程表中列出了很多项目，每完成一点就像减肥者甩去一块脂肪一样，这将给你带来喜悦，也将使你朝着目标更靠近一步。这些被逐步完成的工作是不能像脂肪一样通过重量这个特定的尺度来测量的，它需要一种更复杂的体系即通过“时间”这个尺度来衡量。工作每完成一步，时间就消耗一点儿，就如同消耗脂肪的道理是一样的。减肥者的目标就是扩大脂肪的消耗量，而你要做的则是：尽可能缩短完成工作所花费的时间。所以改变习惯的重要一点就是能够预见变化并及时调整自己的工作计划。

威利斯·辛普逊曾经说过这样一段话：“没有人会嫌弃自己的时间太多，就像没有女人会嫌弃自己太瘦一样。”所以我们要掌控时间，就是为了给自己多挤出一点儿时间，因为每个人都想拥有比别人更多的时间来自由支配自己的生活。

适当改变自己的计划

要想做适当的改变，首先要设立切实可行的目标，再把这些目标分成长期目标、中期目标和短期目标三类。

为这些目标制订详细的计划，你心中要明确应该做什么，怎么做。不要犹豫，从现在起开始立即行动吧！在发现自己没有进步时，你应该坐下来好好想想，从上述减肥者的角度看问题，看看自己是否存在习惯上的问题，是否需要为自己的计划做些调整。

如果你对事情的严重性把握得很清楚，并且明白一天中需要完成哪些工作、处理工作的次序是怎样的话，就说明你已经掌握事情的控制权了，你已经学会如何运用重要的事情来有效掌控时间了。

但是值得注意的是，你仍然要有明确的目标。就像开车一样，如果不知道目的地，你就永远不知道如何到达。

我们常碰到这样的一些人，他们精力充沛，干劲十足，工作成绩却平平。究其原因，是他们没有明确的工作目标，做了许多无用功，导致效率低下。

《事事都做完，仍有时间玩》一书的作者马克·福斯特是这样说的："只有目标明确，我们才知道该做什么。"

有效地处理事情和有效地利用时间是有区别的。一个能够有效地处理事情的人并不一定具备有效利用时间的能力。同样，能够有效利用时间的人也不一定可以有效地处理事情。但有效地利用时间往往比有效地处理事情更能取得良好的效果。

在工作和生活之间寻求平衡

睡前制订一份第二天的工作清单

你可能为了养家糊口选择在离家很远的地方工作，但这些工作却与家庭工作有着密切的联系，所以你应该把这两种工作联系起来管理。无论在什么情况下，你都需要制订出一张清单作为你每天工作的"提醒者"。最好在你睡觉前做好第二天的日程安排，把它作为你的一项工作来完成，以便在第二天早晨你就能够对它进行检查和修改。

对某些人来说，为每周工作做好计划安排是有好处的。当周一来临时，你就得为本周需要完成的工作做计划了。在这一周内，特殊日子与特殊时间的工作应该灵活配置。如果是科室工作，那你就必须完成一张包含五个项目的时间表（这五个项目是你必须完成的）。如果这些工作十分重要，制订的项目数量最好以五样为限。因为当你发觉这些工作的完成会花掉你所有的时间时，你就会感到身心疲惫，力不从心。同样，那些你原本计划的工作不能如期完成，你的目标就没有意义。合理的时间安排要以可行为基础。

在早餐时间对所做的时间表进行核对，重点检查当天需要完成的所有任务，花几分钟时间为它们划分好优先次序，同时列出时间安排。第一步要检查的是当天是否为自己留出了一定的空余时间。

有效地避开干扰事件

如果你对别人的打扰不太介意，那么你得到的打扰就会比你预料的要多得多。

尽量避开那些不必要的干扰，想办法把它们阻挡在你的门外。一旦你解决了这个问题，就立刻回到当天的主要工作上来。

※预防干扰

你可以通过事先给其他人提醒来预防干扰的发生。告诉同事你不想被打扰，向他强调你不准备接受未预约的拜访和电话，这相当有效。提醒他们你正在处理一项工作，可以避免之后不间断的打扰。最糟糕的事就是，你在准备工作上已经花了大量的时间，但之后仅仅因为一份突然出现的资料要求改变这项工作，戏剧化的一幕使以前的工作前功尽弃。

采取措施，预防干扰，关上门，专注手头的工作，告诉大家你正在“开会”——那经常是你想独处的所有理由。他人不会对你一个人开会有什么要求，如果这如同你为自己“买下”一些清静的时间来处理重要的事，那就这样做吧。许多人当他们得知某人正在开会时就会识趣地离开。

※学会说“不”

当你开车离开办公室外出的时候，或者你独自一人待在空无一人的会议室的时候，或者在你刚刚离开他人办公室回来工作的时候，在门上挂一块“请勿打扰”的牌子。要事先做好准备，同时处事要果断。当干扰你的情况出现时，把它们尽量纳入你事先已经安排的项目中。如果顾客的事情是你最后要处理的，询问他们是否可以在当天下午晚些时候将电话打过来。难道任何的中途干扰都会成为“紧急和重要的”事情吗？你需要灵活处理这些事情。

做好说“不”的准备。友好但不生硬地拒绝他人，也无需提供理由。但是如果你可以找到理由，说出来也许会有帮助。

※巧妙应付闯进你办公室的人

那些热衷于自己让人喜欢的人发现很难抵制干扰。良好的同事与职员间的关系有时的确很有价值！但是你若不会说“不”时，你就糟糕了。应付那些中途干扰你的事件，你必须明确谁会在某个假定的时间出现在你面前。让大家清楚地知道你在什么时候接待什么人，并告诉他们你接待的原因。如果你拒绝帮助，你就得准备让机器或同事帮你分担工作。

如果一些人想走进你的办公室询问客人来的目的，不要让他们闯进来。当他们走进办公室后你就起身站在桌子的边缘，示意他们你正忙着，不要打扰。一旦你意识到这次谈话并不重要，就把谈话安排在宾馆或咖啡馆的小客房里进行。注意：对待时间要无情，但是对人要有礼貌。

如果一些人坚持要见你，那么与他们约定好在他们安排的地点见面。这种方法可以在你见到他们时获得主动权——因为你容易提出离开的理由。如果过了很久问题还不能解决，那么你就提议在一个方便的时候进行下一次见面来结束这次交谈。

※接打电话的学问

打电话的最佳时间或者是早晨9点之前——但是不易太早，或者是下午4点之后，因为早晨9点之前和下午4点之后是正常会议以外的时间。

每天要给重要的工作留出足够的时间，在这一时间段内要接听任何电话。如果可以的话，把这些电话转移给其他人解决。因此你可以选择开通语音信箱留下口讯告诉大家你接电话最合适的时间。选择一个恰当的时间有礼貌地给对方回一个电话——询问他们现在是否方便回电话。

在最合适的时间接听所有的电话。一天中安排出1～2个小时接电话。把你要拨的电话号码列出来。记录好每个电话的内容，包括你想提出的要点——不要胡扯。在手边准备一个计时器，这样在打电话时你就可以意识到时间在溜走。

当你在做语音信息留言时，不要仅仅留下你的名字与对呼入者的要求，还要向对方解释为什么你要打电话和你需要什么。

※如何应酬拜访者

无论什么时候，即使你再没时间，你都要忍耐。如果有急事需要处理，或者你不想接受客人的拜访，拿出证件暗示你正要去参加某个会议。

试着开门接受客人的拜访，而不是规定拜访时间限制客人的拜访。通过约定时间，以有说服力的理由控制人们前来拜访。试着以对待自己的方法对待别人，这种方法非常适用经常询问同事弄清他们是否乐意接受拜访。

对于那些需要提高工作效率的人来说，需要采取一种方法，既可以拒绝未预约的拜访者来访，而且又可以使他们满意地接受。如果他人登门拜访与你洽谈的事情并不紧急，你可以向对方建议选择双方都方便的一天进行一次会议讨论。

办公室中节省时间的窍门

下面是一些办公室中节省时间的小窍门，掌握这些窍门可以使你更加高效地开展工作，提高办公效率。

（1）集中一天中的头两个小时来处理手头的工作，并且不接电话、不开会、不受打扰。这样可以事半功倍。

（2）立刻回复重要的邮件，将不重要的删除。

（3）做个任务清单，将所有的项目和约定记在效率手册中。手头一定要带着效率手册帮助自己按计划行事。

（4）把琐碎的工作写在单子上，以便有零碎时间马上去做。

（5）学会高效地利用零碎时间，用来读点东西或是构思一个文件，不要发呆或做白日梦。

（6）如果有人在电话中喋喋不休地讲话，你可以礼貌地结束电话。

（7）在离开办公室之前列一张次日工作的清单，这样第二天早晨一来你便可以全力以赴地投入到工作当中。

（8）制订灵活的日程表，当你需要时便可以忙中偷闲。例如，在中午加班，然后提前1个小时离开办公室去健身，或是每天工作10个小时，然后用星期五来约会或做其他事情。

高效率的真正含义

小问题积聚起来可以导致大的故障，地基不牢靠的房子注定要崩塌，不平衡的生活同样如此。

如果你掌握不了生活的平衡，会影响到你生活的各个方面。以健康为例。假设在日常生活的重压下，一个人得不到足够的睡眠时间和质量那么他就会特别的疲惫，他没有足够的精力，使得他在思考、交谈、作决定时都会出现问题。有关研究表明，劳累的人记忆力减退，倾向于更加情绪化、不稳定的感觉，而且缺乏耐心，缺乏想象力，对抗社会的情绪表现明显。

我们中的大部分人总是觉得很累。一天中无论什么时候随机采访10个陌生人，问他们，“你休息了吗？”“昨晚睡得好吗？”“你今天感觉精力充沛吗？”七成人都会告诉你他是如何的累。

很多人感觉疲惫是因为他们晚上熬夜，以致于不能得到足够时间的睡眠来给身体补充能量。还有些人是因为睡眠质量不高，他们感觉压力很大，每天不能有效控制时间，或者拒绝采用有效的时间控制方法。

疲倦会影响家庭生活、社交生活、职业生活等生活的各个方面。疲倦也可能会妨碍到你的理财安全、才智发挥和精神充实。换句话说，某方面的缺失会影响到你生活的各个方面。

你可以收集到各种利于时间管理的小工具，拥有最新潮的辅助设备，做出更清晰了然的计划列表和最吸引注意力的提示簿。但是，如果疲惫伴随着你，再好的工具也帮不上你多少忙。而健康是生活中如此重要的一个方面，如果你忽略它，它会打乱你所有的生活秩序，更无从谈起什么工作效率。

你可能不会在上述每一个方面花费同样多的时间，但是从长久来看，如果你能平衡处理以上各个方面，你的生活将会得到平衡，而生活的基础也必将坚固。

谁在浪费你的时间

时间会在你没有留意到它的情况下迅速从你眼前溜走。要学会抓住时间，减少时间的浪费。对照以下问题，查找你浪费时间的主要原因：

★不会说“不”。

★危机管理：故障、问题、灾祸。

★优柔寡断、拖延和失败的交流。

★不一致的无效行为。

★不必要的电话、会议、拜访者。

★处理垃圾邮件、不必要的文书工作。

★缺乏信息、目标、管理、委托。

★缺少优先权、程序、系统、自我约束。

如何为度假准备行李

把所有你想整理的东西放在地上，把数量减到一半，然后再整理放入箱里。结果便是：一个容易关上的衣箱。

怎样在一周内做更多的事

将一周当作只有两天半的时间来使用。列出要做的工作，进行委派，或者把剩下的扔掉。结果便是：有更多的时间可以做重要的事。

第六章

团队合作中的自控力艺术

用自控力修炼强大领导力

自控力事关团队的战斗力

自控力具有凝结作用，它能使团队成员相互团结，协作互助；自控力能增强团队成员的积极性，使人们更负责、更勤奋、更主动地工作……这都是积极自控力的作用，能极大地提升团队的战斗力。反之，消极的自控力会严重破坏团队的团结，降低团队成员工作的积极性、责任心，导致团队成员不守规则、不服管理，严重影响领导者的管理效果……团队中任何一个成员的自控力，特别是领导者的自控力，直接关系到一个团队的战斗力，甚至团队的成长发展。

我们在前文中已经说过，自控力具有很强的传染性，并且消极的自控力比积极的自控力传染得更快。因此，一个团队要想提升业绩，增强战斗力，将团队发展壮大，首要的任务就是避免消极自控力的影响，而降低消极自控力的破坏作用的最佳途径就是树立强大的自控力。

一个团队的领导者要想提升团队的战斗力，将团队建设强大，首先要让自己树立起积极的自控力，并用自己的积极态度去影响团队成员、感化他们，使他们更加认可你、支持你、配合你的领导。

如果你是优秀的领导者，团队成员是优秀的员工，团队当然就是优秀的团队，就能创造出一流的业绩。

美国著名的领导力专家、成人教育培训专家丹尼斯·维特拉在其著作《成功的素质》一书中写道："真正的领导者，不管他是工作在商业领域、技术领域、教育领域，还是公共事务领域，都有区别于社会中其他人的特质，这种特质不在于出身的贵贱、天赋的优劣，而在于他们具有成功者的自控力。"事实上也的确如此，现实社会中，出身高贵、天赋优异的堕落者和天资平凡、出身低贱，但自控力强，通过后天努力而获得成功的案例都比比皆是。

即使头脑聪明，如果没有很强的自控力，那么优秀的禀赋也就得不到锻炼和利用，终将一事无成。甚至有人可能将优秀的禀赋用在相反的方面，危害社会，断送自己的未来甚至生命。

反之，即使没有先天的优势，只要自控力强、积极努力地学习知识、提高素质，就能在很大程度上弥补先天条件的不足，可以依靠自己的实力和强大的自控力拼搏进取、开创事业。

强大的自控力不仅能提升团队的战斗力，还能提升个人的战斗力。

不幸的是，很多人还不是很认同我们以上所论述的观点，他们认为仅凭才干，或者才干加经验、巨大的资金优势、人际关系优势就能获得成功。更为可怕的是，还有很多人看到一些缺乏自控力消极的人通过一些非正常途径也获得了“成功”，便对强大自控力的作用不加重视，甚至视其为“无用”“成功慢”或“傻子思想”。这必将给他们个人和他们所在的团队带来巨大的潜在危害。这种危害或许不会立即显现或一次就发挥出巨大的威力，但它最终一定会让你后悔莫及。

如果你希望打造一支强大的团队，并且希望团队创造出优异的成绩，那么你就需要一批优秀的团队成员，并赋予（依靠你自己强大的自控力去影响、感化和启发他们）他们强大的自控力。当团队中的每一名成员都满怀对胜利的强烈渴望而拥有强大自控力时，整支队伍的凝聚力、战斗力就会大大提升。

团队领导的自控力要求

帮助别人往上爬的人，会爬得更高！

如果你帮助其他人获得了他们所需要的东西，你也能因此而获得自己想要的东西，而且付出得越多，得到的也就越多。从本质上来说，领导者对团队的领导就是一种帮助、一种服务，把为团队成员提供帮助和服务的工作做得越好，团队的战斗力就越强，团队的成绩也就越好，而这也正是领导者的业绩所在。

任何一个团队的领导者，他的任务不仅是提高自己的工作效率，更重要的是帮助团队成员提高他们的工作效率。事实上，这本身就是领导者的职责。

领导的本质是合作，是让自己更好地与团队成员合作，促进团队成员之间相互合作。领导者与团队成员之间的关系实质上是一种合作的关系。

商业社会，任何一个人要想成为成功的领导者，都必须本着一种合作的态度与自己的团队成员一起工作。

合作就是力量，只有合作才能提高生产力，才能达到领导的目的。团队就是一个集体，领导者和团队成员是站在不同高度的起点上同时进步的。正因为是集体同时进步，所以它比个人单独奋斗的速度要快，成就要高，而领导者在这个过程中所获得的进步往往多于团队中的其他成员。当然，这与领导者所承担的责任和风险也是相当的。

要建立一个完整的团队，往往需要多种人才，简单地把所有人组织起来或许并不是什么难事。但是，仅仅把人员组织到一起是没有任何价值的，作为领导者，其最重要的任务是保证所有成员最大限度地发挥出各自的才能，相互协作，共同完成好每一项任务，共同创造出更大的价值。这也就是说，一个合格的领导者，不仅要自己树立起与团队成员合作的自控力，更重要的是还要把自己的这种自控力传染给团队中的每一个人，也只有这样，才能使整个团队更加强大，才能从根本上提升团队的战斗力。许多团队之所以业绩不佳、甚至分裂衰败，就是因为团队的领导者没有相互合作的自控力，更不用说帮助团队成员树立起这样的自控力。

相互协作、共同进步这种积极的自控力是一种最有益的企业文化。

领导者与追随者的区别之一就是，领导者能领导和推动团队中的所有成员进行行之有效的合作，充分协调好所有人之间的相互关系。合作是领导才能的基础，也是领导者应当具备的基本自控力。一个人若能领导其他人进行合作，或者鼓舞他人工作，使他们更加活跃，并使他们相互之间形成良好的合作关系，那么这个人所具有的才能和所创造的价值并不比那些以更直接的方式参与团队工作的人少。从整体上来说，他的重要性甚至高于普通的团队成员，这也就是领导者的价值所在。

每一位团队的领导者，不论是什么级别、从事什么行业，都必须明确合作自控力的重要性。因为任何一个团队、任何一个组织机构要想获得成功，都必须进行有效的合作。

在英文中“cooperation”即“合作”，它不仅代表商业团队和社会组织内部与外部的合作，还包含夫妻和家庭成员间的团结合作。事实上，这种合作的态度对任何人都是非常重要的，而不仅是领导者。任何一个渴望有所成就的人、渴望生活快乐的人，都应该及早树立起这样的态度，并用它去影响周围的人。

美国一家著名的管理咨询机构进行的一项调查表明：在美国，因为缺乏合作精神导致团队内部或外部沟通不畅而衰亡，是企业失败的主要原因之一。那些失败的领导者也是缺乏合作态度的领导者，他们未能使合作的态度在团队内部相互传染。

没有人喜欢被人随意指挥和使唤，没有人喜欢被人牵着鼻子走，如果你想确立良好的合作关系，就要事先征询他人的愿望、需要和想法，让对方觉得你对他的要求是他自己的意愿而非强迫。

领导的本质是合作，合作的自控力就是一种领导力。

领导者的作用不是亲自去做所有具体的事务，一个倾向于孤军奋战的人是无法成为团队领导者的，即使能够谋得其位，最终也会败于其上。领导者与团队的关系就是鱼与水的关系，领导者一旦离开团队，就不成其为领导者，也不可能有更广阔的发展。

任何行业单凭个人的力量都是不可能取得巨大成就的，团队的命运和利益包含着每一个成员的命运和利益，只有整个团队发展得更好，团队成员才能获得更好的发展。而领导者作为团队中最重要的一份子，只有充分与团队成员合作，融入团队之中，带领团队创造出更好的成绩，使团队更加强大，自己也才能有更大的发展空间。

自控力能强化领导力

成功的领导者都是积极自控力的传播者和追随者，是积极的自控力强化了他们的领导力。

简单地说，这个世界上只有两种人，一种是领导者，一种是追随者。领导者之所以能成为领导者，是因为他们能拥有积极的自控力，并利用这种自控力去影响其他的团队成员。

当一名追随者并没有什么坏处，但你却很难最大程度地发挥你的人生价值，获得更高的成就，因为你得不到更好的发挥个人才能的平台。事实上，几乎所有成功的领导者都是从当追随者开始的，所有领导者都是从追随者中成长起来的。他们之所以能从追随者变成领导者，是因为他们不是平庸的追随者，而是聪明的、善于学习的追随者。他们具有一些其他追随者所不具备的领导特质，比如能力、品质、行为习惯，而这些因素都是积极自控力在不同方面的具体表现。因此，从某种角度来说，是积极的自控力成就了他们。

现代社会，一个人要成功创富，就必须成为他所在的那个领域的领军人物。而能否成为一个领域的领军人物，关键就在于是否能始终保持积极的自控力，并去影响周围的人。

拥有和保持积极的自控力本身就是一种能力，一种领导者必须具备的至关重要的能力。

领导者的商业价值（其所获得的报酬）之所以比普通员工高，就是因为其具有胜过一般团队成员的特殊能力，他所承担的风险比别人大，需要付出的比别人要多（至少有这种倾向）。一个追随者要想成为一名领导者，一个领导者要想成为一名优秀的领导者，就必须培养、提高和完善自己的领导特质，挖掘自己的潜能，保持自己的个人竞争力。

领导的自控力决定队伍的气势

领导是一个团队的灵魂人物，他的自控力往往决定着一个队伍的气势，一个糟糕的将领可以毁掉一个团队，同样一个优秀的将领也可以成就一个团队。

一个高自控力的领导可以带活企业，然而一个低自控力的领导会阻碍企业前进的脚步。每一个领导的决策都是希望自己可以把公司带进更好的发展空间。但是一个团队要面临的问题非常驳杂，每一个领域都需要有专业的人士来管理。如果仅仅按照领导自己的喜好来运用权力，最后就可能让人才流失，适得其反。反之，能够在自己擅长的领域中发挥优势，则是明智的选择。

西方管理理论认为领导者是在最上层的，整个组织都为其服务，德国社会学家韦伯提出的科层制就是很好的理论代表。他创立了社会组织内部职位分层、权力分等、分科设层、各司其职的组织结构形式及管理方式。科层制的主要特征是：

★内部分工，且每一成员的权力和责任都有明确规定。

★职位分等，下级接受上级指挥。

★组织成员都因为具备各专业技术资格而被选中。

★管理人员是专职的公职人员，而不是该企业的所有者。

★组织内部有严格的规定、纪律，并毫无例外地普遍适用。

★组织内部排除私人感情，成员间只是工作关系。

领导是位于金字塔的尖顶还是圆轮的中心，与员工最大的区别在于他需要对多少人负责。金字塔顶端的人只需要对手下的一两个主要助手负责，但是居于圆心的领导者则要尽可能多地接触到周围的人，综合各方面的信息，迅速沟通和处理好存在的问题。虽然金字塔顶端的人看起来比较轻松，但是他很容易失去倾听民声的机会。

过去企业往往流行的是独裁的领导风格。领导层的管理方式十分严苛，不能忍受别人犯错，一经发下指示便希望别人一丝不苟地把工作做得最好。这是一种传统的管理方法，现在已经很少被人采用，因为这类主管较少受人爱戴。今天所有的企业都在讲究人性化管理，“以人为本”的口号也已经喊了很多年。但到底什么是人性化管理，其实很多人并没有把这个理念吃透，反而矫枉过正，把无原则的管理当作“以人为本”大加采用。

修炼领导力的途径

真正的领导者是能影响别人，使别人追随自己的人物，他能使别人参加进来，跟他一起干。他鼓舞周围的人协助他朝着他的理想、目标和成就迈进，他给了他们成功的力量。职务只是让领导力有了一个更好的平台，并不是有职务就一定有领导力，没有职务也可以具有良好的领导力，因为领导力主要是对他人的一种影响力。

领导力专家琼斯说：“处于任何层次的职员都可以对整个组织做出自己的贡献，每个人都能以这种方式发挥其领导力。”我们每个人都应该修炼个人影响力以推动自身与企业的发展。不需要身处高位，企业中的班组长和普通员工也可以修炼领导力。

泰罗在《科学管理原理》一书中说：“我们将来会认识到，老的人事管理体制下的任何一个伟大人物都不能和一批经过适当组织而能有效地协作的普通人们去比较高下。”约翰·科特的理论属于领导特质理论。在深入研究了各种来自不同行业、不同公司的成功的总经理之后，约翰·科特发现，尽管这些被调查的总经理在举措、风格和行为模式上有着极大的差异，但总体上看，成为优秀领导者所需具备的基本素质要求平平，大部分人都具备，后天的经历才是关键因素。科特由此推论出他认为的影响领导能力的因素：

★领导者应该有魄力、野心和精力

这种“雄心壮志”或许是成年之前就已经形成的最明显的特点之一，在后天的成长经历中或被压抑、或被弘扬。只有具有旺盛的内在动力，不满足于现状，渴望发展的人，才能获得成功。没有这种内在的驱动力，就不可能让一个人保持上进和追求的精神，全力以赴地投身事业。

★拥有某种超出常人的基本智力

有卓越领导才能的人不一定是天才，但他们往往在关键方面略胜他人一筹。面对大量不同的信息，领导者需要分辨真伪，提取有用、重要的信息，找出信息之间的相互联系，继而判断局势，作出决策。这是一项具有相当难度、相当复杂的任务，拥有敢作敢为、当机立断的魄力，来自于智力的支持。是魄力还是蛮力，差别在于智力的铺垫。对于这一品质的形成，童年时所受的教育非常重要，但在具有这一品质的前提下，成年经历起扩展作用。如果基本智力不足，领导者就难于在复杂环境中确立正确的方向。

★心理和精神的健康

自恋、偏执或者高度的不安全感很少出现在优秀的领导者身上。优秀的领导与人进行接触、交流时，会正确看待问题，这源于他们的内心健康积极，而这正是处理人际关系的重要素质。只有非常注重与他人联系，准确把握他人的情感和价值观，才能处理和协调好人际关系，动员全体成员向着共同目标协作努力。如果缺少起码的精神和心理健康，在处理人际关系上就很难与他人合作，甚至有可能对问题歪曲和误解，进而可能使确立的远景目标存在缺陷，导致偏差。

★品格良好

我们常说到人格魅力，人格可以形成强大的磁场，让很多人心悦诚服地辅助他、支持他。俄罗斯总统普京是一个标准的草根平民，但是凭借着出色能力和为人谦和正直的人品，他在政治道路上顺风顺水，很快就进入了政坛高层。而野心勃勃、干劲十足、才能非凡但缺乏正直感的人，更容易引起他人的防范之心。正直与否，主要受一个人成年后的经历的影响，但所受教育也具有相当重要的作用。

以上四种品质，在科特看来是对重要领导职位的最低要求。但是他也相信，极少有人能够高水准地同时具备。取得成功的领导者，不要求他各方面都非常优秀，只要求他不存在品格上的重大缺陷。对于很多的领导人来说，与其花大量的精力在培养某一方面的特长上，不如从自我的整体素质来修炼。

领导力还体现在沟通交流能力上，这点无论在生活中还是工作中都十分重要。一个善于与别人交流的管理者，可以让自己的设想被部下所理解与接受，因此能保证命令的可靠执行，也可以得到部下的充分信任，让部门中充满团结协作的气氛。

领导者情绪的扩散效应

任何一个人，都可能成为一名出色的管理者。但真正能成为管理者的人并不多，这并非是谁有管理的天分，只是大多数人都没有注意到管理情绪这个问题。管理者需要有些比非管理者更出色的能力，而这些能力并不神秘，只要注意，我们都可以做到。

作为领导，最主要的就是让下属尊敬和追随，这样才能体现自己的领导力量。但权威已经不再是笼络人心的方式，它只会让领导者的情绪扩散，产生不好的效果。然而一个高自控力的领导者知道人格魅力是重中之重，人格魅力也可以形成扩散作用。

如果你想做团队的老板，相对简单得多，你的权力主要来自地位，这可能来自你的努力和专业知识；如果你想做团队的领袖，则较为复杂，你的力量源自人格的魅力和号召力。领导者只有把自己具备的素质、品格、作风、工作方式等个性化特征与领导活动有机地结合起来，才能较好地完成执政任务，体现执行能力；没有人格魅力，领导者的执行能力难以得到完美体现，其权力再大，工作也只能是被动的。

人格魅力是由一个人的信仰、气质、性情、相貌、品行、智能、才学和经验等诸多因素综合体现出来的一种人格凝聚力和感召力。有能力的人，不一定都有人格魅力。一个人如果缺乏优秀的品格和个性魅力，其领导者的能力即便再出色，人们对他的印象也会大打折扣，他的威信和影响力也会受到负面影响。

自控力影响领导的有效性，但要想成为高自控力的领导者并不是一件容易的事情。作为领导者，应该重视对自身自控力的开发和培养，提高领导效能。

正确识别自身和他人情绪是提高自控力的基础。领导者可以通过以下三方面来提高情绪识别的能力：

★关注自身情绪。领导者首先必须对自己的情绪给予关注，从而对自己的情绪有准确的认知。

★学会准确表达自身情绪。准确地表达自身情绪并能使他人准确接收是进行有效沟通和交流的基础。领导者首先必须学会运用语言或非语言的信息准确地表达自己的情绪。

★善于识别他人情绪。领导者要善于从一些细微的线索认知他人的情绪，这些线索包括他人的面部表情、言语的语调和节奏、手势和其他身体语言等。

自控力与团队合作

提升团队自控力路径多

德鲁克认为，如果一个成长中的企业其利润达到在三五年内翻一番，那么创始人则必须开始组建新组织很快就会需要的团队。对于企业而言，要使企业成为一个长寿企业，就要尽早打造优秀的团队。而打造优秀的团队则需要提高团队的自控力。

微软之所以能由一个小公司发展成为全球软件公司的领导者，其根本原因就在于比尔·盖茨打造了优秀的自控力团队。在微软的任何一个团队中，都传承着这样一种理念：没有永远的老板与员工。老板与员工在一起，不仅是一起工作，更是在一起分享成功与失败、快乐与悲伤。开放的环境形成开明的领导，这使得微软人的团队意识非常强，他们形成了独特的团队精神：成败皆为团队共有；大家互教互学；互相奉献和支持；遇到困难互相鼓励，及时沟通；靠团队智慧；承认并感谢队友的工作和帮助；甘当配角等。

在这样一个整合的团队中工作，每个人的工作潜能和激情都能更好地发挥出来。微软的人才观是：具有敬业精神，具有解决问题的能力和快速学习的能力，工作热情，具有创新精神和独立工作能力。在微软，强烈的团队精神、开明的领导风格，使员工有广阔的发展空间，为个人才能的发挥提供了平台。

微软每做一个重大的计算机操作系统，都需要成百上千名工程师鼎力合作才能成功。他们的团队成员有着高自控力，他们知道，个人的力量实在太有限，只有依靠团队的力量才能获得成功。

那么怎样提高一个团队的自控力呢？

★以责任精神为核心的自我管理

有一个基督教徒在临终前遇到接他去天堂的天使，天使说："由于你一生行善，成就很大的功德，因此在你临终前我可以帮你完成一个你最想完成的愿望。"这个人说："天堂与地狱究竟长什么样子？在我死之前，你可不可以带我到这两个地方参观参观？"天使说："没问题。"这个人跟随天使来到地狱，用餐的时间到了，只见一群骨瘦如柴的饿鬼鱼贯入座。每个人手上拿着一把长十几尺的勺子，他们用尽了各种方法，尝试用他们手中的勺子去盛菜吃，可是由于勺子实在是太长了，最后每个人都吃不到东西。"我再带你到天堂去看看。"到了天堂，同样的情景，每个人同样用一把长十几尺的长勺子。不同的是，围着餐桌吃饭的是一群洋溢着欢笑、长得白白胖胖的可爱的人们。他们同样用勺子盛菜，不同的是，他们喂对面的人吃菜，而对面的人也喂他们吃，因此每个人都吃得很愉快。

天堂与地狱的区别就是，天堂里的人懂得进行自我管理、互相帮助，他们相互之间构建了一种责任群，每个人都负有“喂别人吃饭”的责任，同时也享有“别人喂自己吃饭”的权利。如果没有构建责任群，而是独善其身，各顾各的，那么，只能把自己打入“吃不到饭”的地狱。团队也一样，只有每个成员都学会自我管理，才能让工作顺利地完成。

看过德国足球队比赛的人应该都注意到，这个被称为“日耳曼战车”的球队，频频在世界级的比赛中问鼎冠军，可整个球队却难以找出一个技术超群的个人球星。一位世界著名的教练说：“在所有的队伍当中，德国队是出错最少的，或者说，他们从来不会因为个人而出差错。从单个的球员看，他们是不完美的，德国队是脆弱的。可是他们11个人就好像是由一个大脑控制的，在足球场上，不是11个人在踢足球，而是一个巨人在踢，对对手而言那是非常可怕的。”

全队拧成一根绳子，发挥团队的最大力量——这就是德国队成功的秘诀。企业也是如此，企业是一艘巨大的航母，每一个员工都是它不可或缺的一部分。这艘航母能否朝着企业的预定目标前进，实在是有赖于全体员工的精诚合作。只有每一个员工的力量都保持一致，企业前进的利箭才会以无坚不摧的力量射中靶心。

效率基于自控力

把时间和精力放在最重要的事情上，就能用更少的时间做更多的事。在你的工作中，事实上是由20%的关键工作在发挥80%的效能，所以，就算你花了80%的时间，最后也只能取得20%的成效。但如果你把时间花在解决这些关键的少数问题上，你只需花20%的时间，就可取得80%的成效。

我们强调的效率是指掌握良好的工作方法，而不是延长工作时间。有些人非常繁忙，似乎有许多事情要做，他们也常常为了完成任务而拼命加班，但所有的时间管理专家都不鼓励你为完成工作任务而延长工作时间，因为那样只会把工作的战线越拖越长，提高时间利用率、提高工作效率才是正确的解决之道。整天像一只无头苍蝇一样忙个不停的人是不会有高效率的。

我们提倡在工作中提高效率，更快更好地完成任务，并不是说要以延长工作时间，甚至是以牺牲自己的休息时间为代价。强迫自己工作，只会耗损体力和创造力。解决这一问题的关键仍是找对方法。找到了合理的工作方法，不但能够保证工作高效地完成，还能从中享受到工作的乐趣。我们需要时间暂时工作，而且要经常这么做。每当你放慢脚步，让自己静下来，就可以和内在的力量接触，获得更多能量，重新出发。一旦我们能了解，工作的过程比结果更令人满足，我们就更乐于工作了。

做多做少并不是衡量成功与否的标尺，行动的效率才是最有意义的标准。每个行动的力量，不是强大就是软弱；而当自己每个行动都变得强大有力时，你就能让自己变得富有。

勤奋造就高效，高效产生业绩，业绩成就员工。美国小说家马修斯说："勤奋工作是我们心灵的修复剂，是对付愤懑、忧郁症、情绪低落、懒散的最好武器。有谁见过一个精力旺盛、生活充实的人，会苦恼不堪，可怜巴巴呢？"

成功的机会不会白白降临到你的身上，只有勤奋工作，反复试验的人才有机会获得成功。但遗憾的是，意识到这一点的人并不多，大多数人早已养成了懒惰拖延的习惯。随时都想着"还有明天"，何来工作效率？想想你在工作中，是不是也常常存在这样主观上的懒惰呢？

松下幸之助说："忙碌和紧张，能带来高昂的工作情绪；只有全神贯注地工作才能产生高效率。"仔细分析一下，在工作当中，有哪些事情是你最喜欢拖延的，那么现在就下定决心，将它改善。不管是天资奇佳的雄鹰，还是资质平庸的蜗牛，能登上塔尖，俯视万里，都离不开两个字——勤奋。只有勤奋，才有效率和业绩。

犹豫和拖延的习惯是一个人实现目标的最大阻碍。工作就跟围棋比赛一样，每一步都有时间限制，超时了，你就自动出局吧。职场就是战场，你不冲就是死路一条。即使你天资一般，只要勤奋工作，就能弥补自身的缺陷，最终成为一名成功者。

每个团队角色都要有自控力

美国西点军校毕业生、西尔斯公司第三代管理者金斯·罗伯特·伍德说："再强大的士兵都无法战胜敌人的围剿，但我们联合起来就可以战胜一切困难，就像行军蚁一样把阻挡在眼前的一切障碍消灭掉。"想要发挥团队的最大"战斗力"，就要求我们明确团队的角色，不要急功近利。

一个企业就像是一个机器，每个零件的作用都不一样，你是哪一个零件，起的是什么作用，自己应该清楚。只有清楚自己在整个公司中处于什么样的位置，才能明白你在这个位置上都应该做些什么。这就是角色定位和角色认知。在工作落实中，对于角色的最大投入就是对任务的完成。

在现代社会中，那些只顾自己的人，很难得到长足的发展；倒是那些时刻替别人着想的人，经常获得意外的收获。帮助他人有时就是在扫清你自己前进的障碍。我们需要养成这种为他人提供方便的合作习惯，与人合作的结果往往使你自己受益颇多。

美国的西点军校，历来注意对学员进行团队精神的培养。学员们在有团队精神的集体里，可以实现个人无法独立实现的目标。他们明白自己是团队中的一员，他们看到在团体中的每一个人都会变得更有力量，而不是变得微小或默默无闻。

一滴水要想不干涸的唯一办法就是融入大海，这滴水就是一个一个的角色，而大海就是团队，一个员工要想取得大成就的唯一选择就是融入团队，而要想在工作中快速成长，就必须依靠团队、依靠集体力量来提升自己。

作为企业的一分子，一个优秀的员工能自觉地找到自己在团体中的位置，能自觉地服从团体运作的需要。他把团体的成功看作发挥个人才能的目标。他不是一个自以为是、好出风头的孤胆英雄，而是一个充满合作激情，能够克制自我、与同事共创辉煌的人。因为他明白离开了团队，他可能会取得一些小成绩，但终究成不了大业。而有了团队合作，他可以与别人一起创造奇迹。

要成为优秀团队成员，不仅要充分认识和发挥自己最适合的角色，还应该根据团队的要求调整自己的角色和行为。

每一个团队中，每个成员所扮演的角色各有不同，就是说，一个团队总是由不同的角色组成的。而优秀的团队成员总能够在团队内部找到适合自己的角色，并能为团队作出贡献。他知道何时应承担他最适合的角色，发挥他的最大价值，同时，他还能够根据团队的要求调整自己。

员工自己单打独斗可能会取得一些小成绩，但一旦员工加入了一个团队中，就会发现在团队中会发挥出自己更大的潜力。团队合作，是一场双赢的博弈，每一个参与的人都能从中分享到属于自己的那一份快乐。

团队中有了创新者，他可以不断地给团队未来的发展、管理以及信息技术方面带来创新，使这个团队能不断地吸纳新的内容往前走；团队中有了监督者，使得团队规则的维护、成员之间的正常交流，以及管理是否得当有了监督。可见，不同的团队角色之间的配合对一个团队来讲是多么重要。

公司作为一个团队，更是由不同的角色组成。研究表明，团队中一般有8种不同的角色，它们是：贯彻者、协调者、塑造者、培养者、资源调查者、监督评价者、协力工作者、完善者。研究表明，每一种角色的作用都是不同的，只有团队成员间的密切配合、互动合作，团队的工作才能走向完美。

严明的纪律是团队不可或缺的

英国著名文学家莎士比亚在其所著的《特洛伊罗斯与克瑞西达》中说："纪律是达到一切雄图的阶梯。"这句话很有道理。在完成工作任务的过程中，任何组织成员要想实现最终的目标，把工作真正落实好，就要运用制度这个约束的阶梯。

哈佛校训告诉我们：没有规矩，不成方圆。任何组织都必须制订相应的管理制度，建立正常的工作秩序。要在工作中推行落实理念，就必须设定严明的纪律，因为，落实是以纪律和秩序为前提的。如果一个组织有令不行，有禁不止，再好的发展战略也不可能得到有效的落实。

一个有纪律的团队必定是一个团结协作、富有战斗力和进取心的团队，如果其中一个人无视纪律，不但会毁掉整个团队的战斗力，而且也会毁掉他自己的前途。任何一个员工都应该清楚地认识到，在企业里，严明的纪律是不容忽视的。

一名优秀的员工，必须了解和认同企业的文化，遵守企业的各项规章制度，在企业的指标下行动，这样才能和企业在同一条轨道上保持一致。那些不愿意遵从企业政策规范的任性员工，认为“随时可以辞职”的不稳定职员，以及冷眼旁观的自私者，都无益于企业的发展。因此，初涉职场的年轻人应着重培养自己的上进心，认识到组织制度有助于规范自我行为的重要性，认同企业文化，以便更好地适应竞争激烈的职场生活。

在刚性管理上，我们可以借鉴军队的管理制度。军队纪律的严明是有目共睹的。军队在纪律的约束下形成了既定的行为模式，使执行力的形成有了保障。春秋时期就有“孙武斩宠姬以示军威”，那时的孙武已经明白，要想使下属富有战斗力，提升他们乃至整个组织的落实能力，关键的因素就是在各项工作的落实中有严明的纪律和制度作为保障。在军队中那些令常人看来难以接受的纪律之下，产生的是一个又一个的钢铁战士。

正是在这些制度的约束下，才有了组织内部的密切协调，才有了每一次战斗任务的顺利执行，才有了完美的落实能力和精锐的战斗能力。纪律永远比任何东西都重要，没有了纪律，便没有了一切。

员工在公司中，要有强烈的纪律意识，只有保持良好的纪律意识，该干什么就毫无保留地干什么，工作和事业才能成功发展，就如同火车只有沿着轨道才能高速前行。因此，每个员工都要把纪律这个“轨道”烙在脑中，才能顺利开创工作的新局面。

一个优秀的公司，必定有一支有纪律的团队，它富有战斗力、团结协作精神和进取心。在这种团队中必定有纪律观念很强的员工，他们一定是积极主动、忠诚敬业的员工。可以说，纪律永远是忠诚、敬业、创造力和团队精神的基础。

组织是人的集合体，每个人都必须在一定的轨道上运行。纪律可以说就是员工愿意在轨道上运行的态度，也可以说是员工对工作的态度和对目标的承诺。

化妆品巨头玫琳凯在阐述她对纪律的看法时说：“我每次遇到员工不遵守纪律时，会先同这个员工商量，采取哪些具体措施以改进工作，我提出建议并规定一个合情合理的期限。不过，如果这种努力仍不能奏效，我只能决定不要他，因为遵守纪律没商量。”任何一个企业都不能忽略纪律的制订和执行，否则，便会遭受损失。因为纪律是企业之本，如果没有了纪律的约束，那么企业就像一盘散沙，毫无生命力可言。

公司要获得发展，就必须先构建纪律严明的、团结有力的、无坚不摧的团队。团队要想完成公司任务，就必须磨砺团队中每个成员无比坚定的信念，就必须要求每个成员用严明的纪律来约束自己。

企业的活力来源于各级员工良好的职业精神面貌、崇高的职业道德。在残酷的商业竞争中，企业需要营造员工自觉遵守纪律的文化氛围，需要建立严格的制度和规范，这些制度和规范需要员工去配合遵守，这是任何一家企业都不可动摇的铁的纪律。

借口是团队发展的硬伤

“实在是没办法！”这样的话，你是否感到很熟悉？你的身边是否就常常有这样的声音？是真的没办法吗？还是我们根本没有好好想办法？

一个人面对问题时所表现出来的素质，是企业区分一流员工和末流员工的重要标准。聪明的员工，敢于面对问题，超越自我，积极地寻找解决问题的方法，以“主动解决”的韧劲，全力以赴攻克难关，落实目标。

优秀员工或团队从不在工作中寻找任何借口，他们总是把每一项工作尽力做到超出客户的预期，最大限度地满足客户提出的要求，而不是推诿；他们总是出色地完成上级安排的任务，替上级解决问题；他们总是尽全力配合同事的工作，对同事提出的帮助要求，从不找任何借口推托或延迟。

许多借口总是把“不”“不是”“没有”与“我”紧密联系在一起，其潜台词就是“这事与我无关”——不愿明确自己的工作，而将自己该为公司做的事推给别人。很多人遇到困难不知道努力解决，只是想找借口推卸责任，这样的人很难成为企业最受欢迎的员工，甚至很难加入一个团队。

任何一个老板都希望自己拥有优秀的员工和团队，他们能不折不扣地完成任务，即使没有完成任务，也能主动承担责任而不是寻找任何借口。“拒绝借口”应该成为所有企业奉行的最重要的行为准则，它强调的是每一位员工想尽办法去完成任何一项任务，而不是为没有完成任务去寻找任何借口，哪怕看似合理的借口。“拒绝借口”的目的是为了让员工学会适应压力，培养他们不达目的不罢休的毅力。它让每一个员工懂得：工作中是没有任何借口的，失败是没有任何借口的，人生也没有任何借口。

借口给人带来的严重危害是让人消极颓废。如果养成了寻找借口的习惯，那么在遇到困难和挫折时，不是积极地去想办法克服，而是寻找各种各样的借口。这种消极自控力剥夺了个人成功的机会，最终让人一事无成。

自律，让队员的行动规范化

自律是一个人的优良品质，一个人要想担负起责任，没有这种品质是不行的。一个人如果想很好地为自己的团队服务，也必须具备这样的品质。自律之所以这么重要，因为它是一个优秀人才必备的素质，也是任何人都希望具有的。要想有所作为必须要坚持自律原则，选择自己的原则，然后在行动中坚持它。

一名优秀的员工一定要清醒地认识到，在公司老板加强员工纪律性的时候，必须服从上司，没有什么条件可讲。要知道，纪律比什么都重要，它是每个人保持工作动力的重要因素，是最大限度发挥潜力的基本保障。对纪律性的正确认识和执行观念，将成为事业成功的重要因素之一。

企业制度是员工个人成长的保证。有些员工没有认识到遵守企业制度的重要性，他们以为规章、制度等规范都只是企业约束、管理员工的需要，对此他们往往持排斥的态度，表面上遵守，内心深处则是一百个不愿意，在没有监督的情况下，往往会做出一些违背公司规章制度的事情。

打破心墙，相互合作

在职场中，只有学会珍惜，学会关爱同事，才能与同事打破心墙，相互鼓励，从而提高团队的整体工作绩效。珍惜与团队同伴相识的缘分，并在同伴悲伤的时候提供自己的一份关爱，这是一种与人合作的最好的方式。没有人喜欢与不懂自己、不懂得珍惜和关爱的人一起合作。

在一个公司里，员工如果像大雁一样，遇到困难时，互帮互助，共同抵抗，危难关头时，首先想到的是同伴的安全，结果会怎样呢？答案是毋庸置疑的，不仅整个公司会成功，而且每个员工的能力也都会得到提升。帮助别人就是帮助自己，在帮助别人的同时，也会让自己更成熟，这种成熟是一种职业上的成熟。

企业的发展需要每个员工的协同配合，这就要求每一名员工都要具备强烈的合作意识，注重与其他公司成员之间的合作。任何一个企业，如果每个人都只做他自己想做的事情，没有一点儿配合他人的精神，那么，这个企业就没有什么目标可以达成了。金字塔是一个团队建设起来的；即使一个人爬上珠穆朗玛峰也是与人协作的结果；一个宇航员登上了月球，也是别人配合的结果。

没有人能仅靠自己就能获得成功，只有懂得多向别人学习，多寻求别人的帮助，多与同事形成相互帮助的同盟，才能通过整合彼此的资源，取长补短，增强自己的优势，让事业的道路越来越开阔。我们常说这样一句话："世界上没有完美的人，只有完美的团队。"如果不注意与别人合作，能力再强的人也无法出色地完成任务。如果注重与别人的合作，那么就能够以最小的代价，获取最大的成功。

成功者都明白一个最简单的道理：合作则两利，分裂则两败。这就像一棵树，无论它怎样伟岸、粗壮和挺拔，也成不了一片森林；一块石头，无论它怎样大，也成不了一面墙。任何人要有所作为，就必须把自己融入团队之中，与大家齐心协力，这样才能赢得发展。

那么如何打破合作者之间的心墙呢？那就是沟通。

在团队的精诚团结中，如何沟通是一门大学问。假设团队成员间没有默契，缺乏沟通，就不可能达成共识，也难以发挥团队绩效。所以，“沟通”也是建设团队需要修炼的。

沟通的重要性在于，所有人都能通过沟通有所进步，那么企业才能和谐发展。所以，每一位员工都必须主动加强与同事之间的合作，提高自己的团队合作精神。

如果一个人乐于沟通，那么他就会在工作和生活上获得很多便利。比如勤学好问，会将很多难题消灭在萌芽状态；注重说话技巧，会让忠言变得不再逆耳。

沟通是企业日常管理中最重要的组成部分。它不仅仅是企业管理者最为重要的职责之一，也是企业员工之间相互协作的最佳状态。一方面，领导者与基层的有效沟通，有利于领导更好地把握公司的生产和生活情况，便于领导者在制定企业战略措施时有章可循、有据可依。另一方面，员工之间在日常工作中互相沟通，能及时准确地了解自己工作的进程，有利于更高效地完成工作。而企业经常组织员工进行文体活动，会有效拉近领导与员工及员工彼此间的距离，促进有效沟通。